KB020176

Korean-English Edition

STB 상생방송 『환단고기』 북 콘서트

인류 창세역사와 시원문화를 밝히다

Rediscovering Korea
Its History And Spirituality

독일편

A Hwandan Gogi Lecture in Berlin

[한영대역]
STB상생방송 환단고기 북 콘서트 [독일편]

인류 창세역사와 시원문화를 밝히다

발행일　2023년 10월 26일 초판 1쇄
저　자　안경전
발행처　상생출판
발행인　안경전
주　소　대전 중구 선화서로 29번길 36(선화동)
전　화　070-8644-3156
F A X　0303-0799-1735
홈페이지　www.sangsaengbooks.co.kr
출판등록　2005년 3월 11일(제175호)
ISBN　　979-11-91329-48-3
　　　　979-11-91329-11-7(세트)

Copyright ⓒ 2023 상생출판

가격은 뒷 표지에 있습니다.
이 책에 수록된 글과 사진의 무단 복제 및 전재를 금합니다.

Korean-English Edition

STB 상생방송 『환단고기』 북 콘서트 독일편

인류 창세역사와 시원문화를 밝히다

Rediscovering Korea
Its History And Spirituality

안경전 · Ahn Gyeong-jeon | 지음

*A Discourse on the Beginning of
Human Civilization and Its Future*

상생출판

§ 차 례 §

§ Contents §

본서는 증산도 안경전 종도사님이 2014년(道紀 144년) 9월 20일(陰 10월 8일), 독일 베를린 우라니아(Urania) 훔볼트홀에서 열린 〈『환단고기』 북 콘서트〉의 현장 강연을 기반으로 자료와 내용을 보강하였습니다.

This book was written based on a lecture given in Berlin, Germany, on September 20, 2014.

안경전安耕田 종도사는 한민족의 오랜 전통이자 고유신앙인 증산도의 최고 지도자다. 지난 1970년대 이래 부친인 안운산 태상종도사(2012년 작고)를 보필해 증산도 부흥을 이끌었다.

안경전 종도사는 이와 함께 '뿌리를 받들고 근원으로 돌아가자'는 증산도의 종지(=원시반본)에 따라 한민족과 인류의 시원사 및 원형문화를 밝히는 일에도 열정을 쏟아왔다. 2012년 펴낸 환단고기 역주본은 그런 30년 작업의 완결판이다. 이 역주본 발간을 계기로 안경전 종도사는 우리 역사 광복 사업과 활동을 적극 추진 중이다.

Master Ahn Gyeong-jeon, the Jongdosanim, is the leader of Jeung San Do, a hallowed tradition and venerable faith of the Korean nation. He has led the revival of the Jeung San Do faith alongside his father, Grand Master Ahn Un-san, the Taesang Jongdosanim, since the 1970s.

In accordance with the precept of 'returning to the origin' that is a core teaching of Jeung San Do, the Jongdosanim has devoted much effort into illuminating the foundational history of both the Korean nation and humankind. The translated version of *Hwandan Gogi*, published in 2012, represents the culmination of such research. The publication of *Hwandan Gogi* has, in turn, provided the Jongdosanim with an impetus toward greater active efforts to achieve the restoration of Korean history.

안경전安耕田 종도사

Master Ahn Gyeong-jeon

20일(토) 2:30pm ~ 8:30pm

린, 우라니아(Urania) 훔볼트 홀

랭, 세계환단학회

살리기국민운동본부

방송

인족연합회, 재독한인총연합회, 베를린한인회

언론인협회, 유로저널, 독일우리신문

신문, 함부르크다물민족학교

서론

　결론은, 역사전쟁입니다. 오늘 말씀의 근본 주제는 역사전쟁, 역사 대전 쟁입니다.

　동서 상대국의 정치, 경제, 문화, 이념의 갈등이 집중되어 있는 유일한 분단국가, 동북아의 한반도가 19세기 후반부터 지구촌 역사전쟁의 중심 으로 자리매김을 해왔습니다. 이 한반도 분단 역사의 배경에는 지난 근대 사 이후에 지속되어 온 동서 강대국간 갈등의 그 몇 가지 주요과제가 변 혁의 실제 손길로 작용하고 있습니다.

　오늘 이 뜻깊은 자리에 함께 참여해주신, 지난 60년대 초 조국 한국이 가난에 허덕이던 때 지구촌 반대편 이 머나먼 독일에 광부로, 또는 간호 사로 오셔서 사랑하는 가족과 조국의 번영을 위해 한 생애를 바치신 여 러분들에게 고개 숙여 깊은 감사의 말씀을 올리고자 합니다. 이 자리에는 또 여러 나라에서 오신 형제자매분들이 계십니다. 멀리 미국에서 '내가 이 〈『환단고기』 북 콘서트〉에 꼭 한번 직접 참여해야겠다.' 하고 오신 여성 만화가 한 분을 이틀 전에 만났습니다. 또 한국에서 자녀를 데리고 '내 아 들딸들의 역사 교육을 위해 아무리 멀어도 독일을 직접 가 봐야겠다.' 하 고 오신 분도 계십니다. 지난번 L.A에서도 어떤 여사장님이 아들 둘과 함 께 〈『환단고기』 북 콘서트〉에 참여하신 적이 있었습니다. 이 모든분들에 게 깊은 감사의 말씀을 드립니다.

　오늘 콘서트는 그간 국내외에서 했던 것보다 좀 더 실제적인 문제, '왜 우리가 잊혀지고, 왜곡되고, 부정되고 있는 동방 시원문화와 역사를 되찾 아야 하는가? 이것이 왜 오늘의 우리 삶에 그토록 소중한가?' 하는 것을 중심으로 이야기해 볼까 합니다.

Introduction

The world is at war. It is the 'history war' we are fighting.

In the vortex of this war is Korea. The Korean Peninsula has been an arena for competition between other stronger nations since the late nineteenth century. Conflicting historical claims over Korea have been a source of tension in this region. This was one of the major causes behind the division of Korea and is now holding sway over its future.

First of all, I would like to express my deepest gratitude in particular to the many Korean nurses and mine workers here today, who migrated to Germany during the early 1960s. You all sacrificed so much to bring prosperity to your families and to your country when South Korea was suffering from grinding poverty as a consequence of the Korean War.

I would like to thank everyone for attending this event. Some of you made a long trip to participate in today's event. We have a cartoon artist who came all the way from the US. There is also a woman who flew from South Korea with her children. I would like to thank all of you.

A couple of years ago, I embarked on a series of speeches across the world on the book *Hwandan Gogi* ("*The Ancient Records of Hwan and Dan*"). Today in Berlin, as part of this series, I would like to focus on a more practical issue: 'Why is it so important for us in the present world to restore the forgotten history and culture of ancient East Asia?'

지금까지 우리가 알고 있던 동서양의 문명에는 불교 문명, 유교 문명, 도교 문명, 이곳 서양문명의 근원인 기독교 문명, 중동의 이슬람 문명, 또 인도의 힌두교 문명 등이 있습니다. 그런데 이러한 문명권 이전인 7천 년 전, 동방의 시원 역사 문화가 있었습니다. 그러나 이것을 동방문화의 주인공이던 한국인은 물론, 서양사람들도 전혀 알지 못합니다.

　그렇다면 동방의 시원역사와 영성문화의 원형을 되찾는 것에 어떤 과제가 숨어 있는가? 그 과제의 핵심은 동방의 시원역사와 문화가 왜곡된 한편, 19세기 후반 동방 근대사의 실제 출발점이라 할 수 있는 동학이 왜곡되었다는 데 있습니다. 동방의 고대 원형문화와 그것과 얽혀 있는 근대 동방문화의 주요 선언, 즉 동학의 선언 내용이 함께 왜곡됨으로써 오늘의 인류가 맞고 있는 현대 문명의 위기의 본질이 무엇인지, 이것을 심도 있게 총체적으로, 또 근원적으로 들여다볼 수 있는 지혜의 큰 눈을 잃어버리게 된 것입니다.

　그래서 오늘은 좀 더 균형 잡힌 시각으로 동방의 시원문화, 즉 원형문화를 밝히고, 근대를 연 동학의 왜곡된 선언을 바로잡고자 합니다. 그럼으로써 진정한 인류 문화 의식을 회복하고, 앞으로 문명의 새 역사를 여는 데 극복해야 할 가장 큰 과제가 무엇인지를 살펴보도록 하겠습니다. 이를 통해 오늘의 80억 인류 모두가 한 형제자매가 되어 위대한 새 역사와 문명의 비전을 볼 수 있는 지혜의 눈을 갖기를 소망하면서, 오늘 제가 강조하려는 한 가지 중대한 주제를 서두에서 먼저 말씀드릴까 합니다.

　19세기 후반 근대사의 출발점에서 앞으로 지구촌 현대문명의 전환에 닥칠 가장 놀라운 과제로 선언된 것이 무엇인가? 바로 질병입니다. 인류 문명사의 가장 큰 변혁은 사실 전염병의 문제였습니다. 고대로부터 오늘에 이르기까지 천연두, 인플루엔자, 신종플루 등 수많은 질병이 창궐해 인류문명사를 바꾸어 왔습니다.

The Eastern and Western religions that people are familiar with include Buddhism, Confucianism, Taoism, Judaism, Christianity, Islam, Hinduism, and many more. However, before these religions appeared, there already existed an ancient civilization in the East—the earliest civilization of humankind, which appeared around nine thousand years ago. Unfortunately, though, this civilization has been completely forgotten.

In bringing to light this forgotten history and spirituality of ancient East Asia, the core challenge is that the truth about both the ancient and modern histories of East Asia has been terribly distorted. To clear up misconceptions about modern history is as important as knowing ancient history accurately because ancient history and modern history are intimately connected to one another. In this vein, it is especially important to learn about Donghak, the late nineteenth-century Korean movement that heralded Korea's modern era. The message of Donghak has been widely misunderstood, and this has led to our failure to fully recognize and find solutions to the crisis of modern civilization.

And so, today I would like to speak about the truth of the ancient and modern histories of East Asia and about ways to bring us together and solve the problems of today, leading the world to a new era. In addition, I will also speak about an issue that is particularly urgent and important to us.

At the beginning of Korea's modern era in the late nineteenth century, the Donghak movement arose and proclaimed an astonishing revelation. This revelation was the grim news of the arrival of a fatal disease that would be a harbinger of a new era in the near future. Historically, epidemics have often altered the path of human civilization.

그런데 21세기를 사는 우리 인류가 극복해야 할 또 다른 중대한 문명 전환의 과제가 있습니다. 그것이 무엇인가? 바로 시두時痘, 천연두입니다. 시두가 다시 지구촌에서 큰 문제를 일으킵니다. 현대문명의 중대한 생사 문제가 앞으로 일어나는 시두의 대발에 달려있다는 것입니다.

　그래서 오늘의 지구촌 형제자매가 9천 년 동서 인류 창세 문화를 통해 지혜의 눈을 떠서 시두를 극복할 수 있도록, 동방 영성 문화의 진리 열매 한 소식을 전해드리기 위해 〈『환단고기』 북 콘서트〉를 구성하게 되었습니다.

　오늘 말씀의 주제는 크게 세 가지로 잡아 봤습니다. 첫째는 성찰省察의 시간으로, 역사 왜곡과 그 깊은 상처는 무엇인가 하는 것이고, 둘째는 각성覺醒의 시간으로, 동방의 창세역사와 원형문화의 숭고하고 거대한 지혜의 내용은 무엇인가 하는 것입니다. 셋째는 치유治癒의 시간, 그리고 새로운 비전의 시간으로 오늘의 인류가 직면한 위기를 제대로 성찰하고, 이것을 극복할 수 있는 지혜로운 길, 진정한 생명의 한 소식을 전하려는 것입니다. 즉, 동방문화의 주역이던 한민족의 시원역사와 한국인 본래의 종교, 한국인이 9천 년 동안 실천해 온 영성문화의 실체를 밝히고, 그 핵심을 다시 한번 정리하면서 말씀을 마무리 짓기로 하겠습니다.

　오늘 동방의 잃어버린 창세역사와 원형문화를 되찾는 〈독일 『환단고기』 북 콘서트〉에서는 독일의 노이에스 박물관과 페르가몬 박물관을 비롯하여 영국, 프랑스, 오스트리아, 헝가리 등 여러 나라의 박물관과 그동안 지구촌 동서양의 역사 문화 현장을 직접 답사하면서 촬영한 사진과 영상물을 함께 보면서 진행하려 합니다. 이를 통해 '이것이 동방의 문화와 역사, 영성 문화의 참모습이구나!' 하고 깨닫는 시간이 될 것입니다. 우리가 한국인이기 때문에 내 조국, 한국의 문화와 역사, 영성 문화, 원형종교의 참모습을 제대로 아는 것이 진정한 한국인으로서 삶을 사는 것이라 생각합니다.

According to many experts, the next possible pandemic that could affect the world may be smallpox. The return of smallpox may be one of the most profound existential threats to modern civilization.

By the end of my speech, you will have some clues to overcome this public health challenge, based on the wisdom of the Eastern spiritual tradition.

I have selected three major themes for today. The first theme is: a time of reflection. It is time to confront the reality of the distortion of history and the deep wounds left behind by this distortion.

The second theme is: a time of awakening. It is time to discover empowering wisdom from the cultural and spiritual traditions of ancient East Asia by examining its history.

And the third theme is: a time of recovery and of sharing a vision for a new civilization. It is time to find solutions to the crisis of modern civilization. To do so, I will talk about Korea's indigenous spiritual tradition, which has an extensive history.

Now, we are going to begin a journey to rediscover the lost history of Korea. In this presentation, I will use photos and film excerpts I collected during my research trips across the world. I hope this will be an opportunity for you to understand the truth of East Asian culture, history, and spirituality.

제1부

성찰의 시간

　1부 성찰의 시간에는 '동방의 시원역사와 문화가 얼마나 왜곡이 됐는가? 그 진실은 무엇인가? 그리고 그 역사 왜곡의 깊은 상처가 지금 우리의 가슴 속에 어떻게 남아 있는가?'를 살펴보겠습니다.

　이른 새벽에 이 문제를 곰곰이 생각해 봤습니다. 동방의 잃어버린 역사 문화를 찾는 상징적인 언어로서 동방 역사와 문화의 실제 창조자를 부르는 두 글자가 있습니다. 바로 이것을 통해 동방 역사 문화의 비밀을 전해야겠다고 생각했습니다.

　그 상징 언어가 중국 문헌인 『산해경山海經』에 나옵니다. 거기에 보면 '숙신肅愼의 나라는 백민국白民國의 북쪽에 있는데, 그곳에는 웅상雄常이라 불리는 나무가 있다.'는 말이 있습니다.

　<u>웅상! 이 속에 동방의 역사 문화를 찾는 비밀이 다 들어 있습니다.</u>

　웅상雄常이란 무엇일까요? 얼핏 보면 영웅 웅雄 자, 항상 상常 자로 '영웅은 살아 있다.', '영웅은 영원하다.'는 뜻인 것 같지만, 그런 뜻이 아닙니다. 웅상은 <u>'환웅천황께서 항상 우리와 함께하신다.'</u>는 의미입니다.

　단군왕검이 조선을 건국하기 이전에 있었던 <u>한민족의 나라 이름이 배달</u>입니다. 그래서 우리 한민족을 배달의 민족이라고 하는 것입니다. 6천 년 전, 동방 땅에 배달국을 건국하신 분, 오늘의 한국을 세우신 <u>최초의 건국자가 환웅</u>입니다. 한민족 문화의 근원이시며 문명의 시조 환웅천황께서 홍익인간, 우주광명문화의 심법, 10월 3일 개천절 문화를 여셨습니다. 이

Part 1

A Time of Reflection

In Part 1, we will examine the extent of the distortions of East Asian history, understand the truth, and discover how this distortion is still influencing us today.

Let us first examine a unique word which will help us to do so. This word, composed of two syllables, actually refers to the forefather of the peoples of East Asia. I intend to convey the secret of East Asian history through this symbolic word: *ungsang*.

In the ancient Chinese text *Shan Hai Jing* (山海經, "*The Classic of Mountains and Seas*"), a passage declares, "In the nation of the Sushens [Korean people] live white-clad people. They revere a tree and call it '*ungsang*.'"

The secrets for discovering the ancient history and culture of East Asia are contained in this word: *ungsang*. Examining the characters on a basic level, *ung* means "hero" and *sang* means "always," which leads one to assume that *ungsang* means "an eternal hero." But this is not the full meaning of *ungsang*. The deeper meaning of the word *ungsang* is: 'Hwanung, who is always with us.'

Before the establishment of the ancient Joseon nation, the name of Korea was

| 환웅천황桓雄天皇 |
Hwanung, the founder of Baedal.

환웅천황의 웅雄 자와 항상 상常 자를 써서 웅상雄常이라 하는 것입니다.

한민족은 거대한 경외심을 유발하는 거룩한 성산聖山이 있으면 그것을 산상山像, '환웅님이 임재하시는 산'이라 하였고, 거대한 나무가 있으면 신단수神檀樹로 삼아 웅상으로 모셨습니다. 한국의 오랜 역사와 전통을 기록한 『환단고기桓檀古記』라는 사서를 보면 우리 한민족에게는 **수천 년 전부터 산상과 웅상의 풍속이 전해 내려왔다**는 기록이 있습니다.

일본에 가보면 실제 환웅천황을 모시는 신사가 있습니다. 저 큐슈九州 후쿠오카현의 히코산(日子山, 지금의 英彦山) 신궁에 환웅상이 있습니다.

| 일본 큐슈 후쿠오카현 히코산英彦山 신궁 |
Hikosan Shrine on Mt. Hiko on the Japanese island of Kyushu.

'Baedal.' Baedal was the first Korean nation, founded six thousand years ago, and Hwanung was the founder of this nation. The character 雄 (*ung*) in *ungsang* (雄常) actually refers to Hwanung (桓雄).

In ancient times, Koreans would call a large and sacred mountain a *sansang* (meaning "iconic mountain"), in the belief that Hwanung resided there. They also considered an enormous tree to be divine and would call it an *ungsang*. The book *Hwandan Gogi* relates that the Korean people embraced this tradition of *sansang*s and *ungsang*s for thousands of years. In Japan, there is actually a shrine dedicated to Hwanung. A portrait of Hwanung is enshrined in an ancient Shinto shrine on Mount Hiko in Kyushu.

| 히코산 신궁 입구(좌)와 히코산 신궁의 환웅상(우) |

A portrait of Hwanung enshrined in a Shinto shrine on Mt. Hiko (right).
An entrance to the shrine (left).

동방에는 불교가 들어오기 이전에 불상처럼 옛 어른을 모시는 문화가 있었습니다. 몽골이나 시베리아에도 산을 넘을 때 우리 한국의 서낭당처럼 돌을 쌓아놓고 세 바퀴를 돌면서 기도를 드립니다. '나는 신을 잃어버렸는가? 나는 지금 신과 한마음으로 살고 있는가?'라고 자문하고 기도하면서 고개를 넘어갑니다.

인류 창세 역사 문화의 성지라고 하는 바이칼호, 그 북쪽 호숫가에 샤머니즘의 고향 알혼섬이 있습니다. 그 알혼섬에 샤먼 바위인 부르한 바위가 있는데, 부르한 바위가 내려다보이는 언덕 위에 세르게라는 열세 개의 큰 나무기둥을 세워 놓았습니다. 사진에서 보듯이 기둥에 형형색색의 리본을 감아 놓았는데요, 이게 바로 신단수의 변형이라 할 수 있습니다.

There was already a culture in East Asia of building structures as symbols of the deceased preceding kings or ancestors to honor them, as in the case of statues of Buddha, even before Buddhism appeared. In Mongolia and Siberia, piles of stones served as objects of worship. When crossing over mountains, people offered prayers while walking around such stones three times. This seems very similar to the traditions at a *seonangdang* (a shrine to the village deity) in Korea. "At this moment, have I lost touch with my deceased ancestors in heaven? Am I presently in alignment with their mind?" As they crossed over mountains, people tried to keep themselves spiritually awake by asking these questions.

If you visit Olkhon Island in Lake Baikal, which is regarded as the sacred place where humanity's history began, you will find thirteen *serge* posts on Shaman Rock. They were built to serve as an object of worship similar to a divine tree.

알혼섬 부르한 바위
Shaman Rock.

| 오워Ovoo | 몽골. 돌을 얹고 소원을 비는 한국의 서낭당과 같다.

An *ovoo* in Mongolia. An *ovoo* is equivalent to a Korean *seonangdang*, which is a stone cairn or tree dedicated to the patron deity of a village.

| 세르게 | 바이칼호 샤먼바위 근처
형형색색의 리본이 묶인 13개의 나무기둥

Serge posts on Shaman Rock, Olkhon Island, in Lake Baikal. There are thirteen of them, decorated with colorful ribbons.

A Time of... 23

이집트의 피라미드를 보면 그 앞에 오벨리스크라고 하는 두 개의 기둥을 세워 놓았습니다. 이것도 신단수의 변형이라고 서양 학자들은 해석하고 있습니다.

일본에는 모든 신사가 숲속의 거대한 고목 나무를 중심으로 세워져 있습니다. 예수, 부처, 마리아상처럼 종교에는 성상聖像을 모시는 문화가 있는데 몽골의 오워나 세르게와 같은 솟대 문화와 성상 문화의 근원이 바로 웅상입니다.

'신들의 빛'이라 불리는
오벨리스크도 신단수의 변형

Obelisks, which symbolize the solar rays of the
sun god, are another variation on a divine tree.

Ancient Egyptians usually erected obelisks (stone pillars) in pairs at their pyramid temples. This is also a variation of the ancient custom of revering divine trees. In Japan, almost all Shinto shrines were built around a giant tree in a forest.

The East Asian conventions of erecting divine altars such as the *ovoo* (a Mongolian stone shrine), *serge* posts (a Mongolian ritual tree), *sotdae* (a wooden totem pole in Korea), etc., can trace their origins to the culture of *ungsang*: the tradition of paying reverence to Hwanung.

| 일본 신사의 수백 년 된 신목 |
Centuries-Old Trees
in Japanese Shinto Shrines

제가 베를린에 있는 페르가몬 박물관에 갔을 때 현장에서 크게 충격을 받은 적이 있습니다.

박물관 문을 들어가서 보면 이슈타르 문이 있는데, 그곳을 지나면 1층에 동방 원형문화의 숨결을 느낄 수 있는 문양이 너무도 섬세하게 조각된 유물이 있습니다.

| 이슈타르문(독일 페르가몬박물관) |
바빌로니아 여신 이슈타르의 이름을 딴
바빌론 북방의 시문市門

When I traveled to Berlin's Pergamon Museum, there was something which I was astounded to see.

After you pass through the reconstructed Ishtar Gate, you find a beautiful tripod monument on the first floor of the museum, meticulously crafted, which features an element of ancient East Asian culture.

The Ishtar Gate, named after a Mesopotamian goddess of love and war, was the northern gate to the inner city of Babylon. A reconstruction is now displayed in Berlin's Pergamon Museum.

좀 더 자세히 보려고 단을 올라가 상부에 조각된 것을 보니, 위에 태양 같은 둥근 원이 있고 바로 아래에 직사각형이 수직으로 있고 그 아래에 할아버지가 계시는 겁니다. 더 놀라운 것은 그 상像과 똑같은 것이 옆에 한 면이 또 있고 반대편에 한 면이 더 있습니다. 3수로 돼 있는 것입니다.

부조상에 있는 흰 수염을 한 노인이 누구인지는 다양한 해석이 가능하겠지만, 그 문화의 원형은 6천 년 전, 인류 최초의 문명권에서 동방으로 오신 환웅입니다. 환웅천황을 모신 웅상! <u>웅상에 담긴 의미는 '우리가 언제나 환웅을 잊지 말아야 한다.'는 것</u>입니다.

| **삼각기념비** | 그리스 밀레토스 발굴(CE 200년) 독일 페르가몬박물관 소장. 세 명의 얼굴 부조상은 삼수三數문화를 보여준다.

On the upper part of the monument is carved a sun-like circle with a rectangle beneath, with the image of an old man carved below. Interestingly, there are two more identical images engraved on its other two sides—three images in total.

Although we could conceive of various interpretations of the white-bearded old man on the monument, it seems certain that the people who built this monument also had a tradition similar to *ungsang*, which honors Hwanung.

Next, let's find out about the beginning of Korean history by drawing upon the Korean historical account *Samguk Yusa* ("*Memorabilia of the Three Kingdoms*").

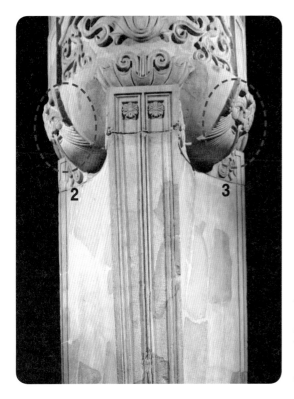

A tripod monument of Miletus (c. 200 CE). It has three faces carved on it (one on each side). The number three has a symbolic significance in East Asian cultures.

『삼국유사』「고조선」에 기록된 한국 역사와 문화의 출발점

자, 이제 한민족이 가지고 있는 사서를 통해 '동방문화의 본래 주인공 한국의 창세 역사와 시원 문화는 어디서부터 시작된 것인가?' 이것을 살펴보기로 하겠습니다.

일본 제국주의자들은 강화도 불평등조약 이후로 한민족 8백만 명을 학살하고, 한국의 문화와 역사가 담긴 20만 권의 서적을 강탈하여 남산에서 불태워 버렸습니다.

그리고 이 책 한 권을 남겨 놓았습니다. 바로 『삼국사기』와 짝이 되는 『삼국유사』입니다. 『삼국유사』는 강단사학자들이 가장 소중히 여기는 사서의 하나입니다.

승려 일연은 『삼국유사』의 첫 장 「고조선」에 인류의 창세 역사와 한민족의 시원 역사문화를 기술해 놓았습니다. 그런데 결과적으로는 이로 인해 인류의 첫 국가였던 한민족의 시원역사 시대가 왜곡되고 부정되어 완전히 뿌리 뽑히게 되었습니다. 한민족은 물론 인류 창세 역사문화의 고향 고조선의 역사가 완전히 뿌리 뽑힌 것도 바로 여기에서입니다. 그러한 이유로 『삼국유사』「고조선」은 한민족을 포함한 80억 인류에게 매우 중요한 기록입니다.

그러면 『삼국유사』「고조선」에 실린 인류 역사상 최초의 나라, 너와 나, 동양과 서양, 지구촌 모든 나라, 모든 민족의 역사 고향에 대한 기록으로 잠시 들어가 보겠습니다. 여기에서 동방에 오신 '항상 함께하시는 환웅천황님'이 신시 배달을 건국한 사실을 어떻게 부정하고 왜곡하여 완전한 신화 이야기로 역사 뿌리를 제거하였는지 그 원본을 살펴보기로 하겠습니다.

Samguk Yusa: A Significant Historical Account

Between the signing of the Japan–Korea Treaty of 1876, an unequal treaty signed under duress in the wake of the Ganghwa Island incident, and the end of Japanese rule over Korea in 1945, the Japanese imperialists slaughtered eight million Koreans and burned two hundred thousand books of Korean culture and history, but some books survived. One of them is *Samguk Yusa* (*"Memorabilia of the Three Kingdoms"*), which is generally considered one of the two most important records of Korean history, along with *Samguk Sagi*. *Samguk Yusa* is one of the books that are most valued in Korean history academic circles.

This historical text, *Samguk Yusa,* records in a chapter titled "Old Joseon" the history of the world's first civilization, which was closely linked to Koreans. Ironically, however, the book also became a source used to deny this history. The "Old Joseon" chapter of *Samguk Yusa* is both a record about the dawn of humankind and a source of distorted history. For that reason, it is a valuable record worth in-depth research not only for Koreans, but for everyone around the world.

Let us now examine the original text of the "Old Joseon" chapter of *Samguk Yusa* for a moment. In this text, you will find out how the actual history of Hwanung's founding of a nation in East Asia has been distorted, denied, and completely eradicated by being characterized as a mythological story.

국가 존망의 위기에서 자주 의식을 고취하기 위해서 일연 스님이 『삼국유사』를 기록했다.
Samguk Yusa
(*"Memorabilia of the Three Kingdoms"*).

| 일연 一然 |
Il-yeon (1206-1289).

삼국유사三國遺事 고조선古朝鮮(왕검조선王儉朝鮮)

위 서　운 내 왕 이 천 재　유 단 군 왕 검　입 도 아 사 달
魏書에 云 乃往二千載에 有壇君王儉이 立都阿斯達하시고

개 국 호 조 선　여 고 동 시
開國 號朝鮮하시니 與高同時니라

『위서』에 이르기를 지난 2천 년 전에 단군왕검께서 도읍을 아사달에 정하시고 나라를 세워 이름을 조선이라 하시니, 요임금과 같은 시대라 하였다.

고 기　운 석 유 환 국　서 자 환 웅　삭 의 천 하
古記에 云 昔有桓国하니 庶子桓雄이 數意天下하야

탐 구 인 세
貪求人丗어늘

『고기』에 이렇게 말했다. 옛적에 환국이 있었다. 서자부의 환웅이 평소 천하에 뜻을 두고 인간 세상을 구하고자 하거늘

부 지 자 의　하 시 삼 위 태 백　가 이 홍 익 인 간
父知子意하고 下視三危太伯하니 可以弘益人間이라

환국을 다스리시는 아버지 환인께서 아들의 이런 뜻을 아시고 아래로 삼위산과 태백산을 내려다보니 홍익인간이 되게 할 만한 곳인지라.

내 수 천 부 인 삼 개　견 왕 이 지
乃授天符印三箇하사 遣往理之하시니라

이에 아들에게 천부경과 인 세 개를 주어 그 곳으로 보내 다스리게 하셨다.

웅　솔 도 삼 천　강 어 태 백 산 정 신 단 수 하　위 지 신 시
雄이 率徒三千하사 降於太伯山頂神壇樹下하시니 謂之神市요

시 위 환 웅 천 왕 야
是謂桓雄天王也시니라

이에 환웅이 무리(삼랑) 3천 명을 거느리고 태백산 꼭대기 신단수 아래에 내려오시어 이를 신시라 이르시니, 이분이 바로 환웅천황이시다.

魏書에 云 乃往二千載에 有壇君王儉이 立都阿斯達하시고 開國
號朝鮮하시니 與高同時니라

In the *Book of Wei*, it is written, "Two thousand years ago, Dangun Wanggeom established a nation named 'Joseon' and made Asadal his capital. This coincided with the era of Emperor Yao's reign."

古記에 云
Gogi (*"Ancient Records"*) records:

昔有桓国하니 庶子桓雄이 數意天下하야 貪求人世어늘
Hwanguk existed long ago. Hwanung of Seojabu aspired to save all under heaven and bring deliverance to the human world.

父知子意하고 下視三危太伯하니 可以弘益人間이라
Perceiving his son's aspiration, Hwanin, ruler of Hwanguk, gazed upon Mt. Sanwei and Mt. Taebaeksan and deemed both suitable for fostering wide-reaching benefits for humanity.

乃授天符印三箇하사 遣往理之하시니라
Hwanin thus granted his son Hwanung the Heavenly Emblems and Seal—the Three Treasures—then sent him forth to rule this region.

雄이 率徒三千하사 降於太伯山頂神壇樹下하시니 謂之神市요
是謂桓雄天王也시니라
Hwanung led three thousand people down to the foot of the Divine Tree on the summit of Mt. Taebaeksan. He named this place 'Sinsi' ("Divine City"), and he was called 'Heavenly Emperor Hwanung.' [Sinsi was the capital of Baedal.]

^{장 풍 백 우 사 운 사 이 주 곡 주 명 주 병 주 형 주 선 악}
將風伯雨師雲師而主穀主命主病主刑主善惡하사
^{범 주 인 간 삼 백 육 십 여 사   재 세 이 화}
凡主人間三百六十餘事하사 在世理化시니라

환웅께서 풍백·우사·운사와 주곡·주명·주병·주형·주선악을 거느리시어 인
간 세상의 360여 가지 일을 주관하시고, 세상을 신교의 진리로 다스려 교
화하셨다.

^{시   유 일 웅 일 호   동 혈 이 거   상 기 우 신 웅}
時에 有一熊一虎가 同穴而居러니 常祈于神雄하야
^{원 화 위 인}
願化爲人이어늘

이때 웅족과 호족이 같은 굴에 살았는데, 늘 삼신 상제님과 환웅님께 교화
를 받아 천왕의 백성이 되게 해달라고 빌었다.

^{시   신 유 영 애 일 주   산 이 십 매}
時에 神遺 靈艾一炷와 蒜二十枚하시고
^{왈   이 배 식 지   불 견 일 광 백 일   변 득 인 형}
曰「爾輩食之하라 不見日光百日이라야 便得人形이리라」

이에 환웅께서 삼신이 내려주신 비법으로 쑥 한 묶음과 마늘 스무 매를 영험
하게 만드시고 내려주시며 이르시기를, "너희들은 이것을 먹으면서 100일
동안 햇빛을 보지 않아야 천왕의 백성 자격을 얻게 될 것이니라." 하셨다.

^{웅 호 득 이 식 지   기 삼 칠 일   웅 득 여 신}
熊虎得而食之러니 忌三七日에 熊得女身이나
^{호 불 능 기   이 부 득 인 신}
虎不能忌하야 而不得人身이라

웅족과 호족이 쑥과 마늘을 받아먹으면서 삼칠일 동안을 삼감에 웅족 여
왕은 그 지위를 인정받았으나, 호족 왕은 금기를 지키지 못하여 그 지위를
인정받지 못하였다.

將風伯雨師雲師 而主穀主命主病主刑主善惡하사

凡主人間三百六十餘事하사 在世理化시니라

Hwanung led the Pungbaek, Usa, and Unsa, as well as the ministers of agriculture, imperial decrees, law, health, and morality, in overseeing more than 360 realms of human affairs. He ruled and enlightened the people of the world with the truth of Spirit Teaching.

時에 有一熊一虎가 同穴而居러니 常祈于神雄하야

願化爲人이어늘

During this period, the Bear Clan and Tiger Clan, who lived in the same region, continually beseeched the divine Hwanung to change them into ideal human beings.

時에 神遺 靈艾一炷와 蒜二十枚하시고

曰「爾輩食之하라 不見日光百日이라야 便得人形이리라」

In response, Hwanung gave them divine items, which were a bundle of mugwort and twenty cloves of garlic, and he commanded, 'Eat these and avoid the sunlight for one hundred days. If you do, you will become ideal humans.'

熊虎得而食之러니 忌三七日에 熊得女身이나

虎不能忌하야 而不得人身이라

The Bear Clan and Tiger Clan disciplined themselves for three seven-day periods spanning twenty-one days, consuming only the mugwort and garlic. The Bear Clan members became ideal women. But the Tiger Clan failed to comply with the precepts and did not attain ideal human form.

웅 녀 자 무 여 위 혼 고　매 어 단 수 하　주 원 유 잉
熊女者 無與爲婚 故로 每於壇樹下에 呪願有孕이어늘

웅 내 가 화 이 혼 지　　잉 생 자
雄乃假化而婚之하사 **孕生子**하시니라

웅족 여왕은 혼인할 곳이 없으므로 늘 신단수 아래에 와서 아이를 갖게 해
달라고 빌었다. 이에 환웅께서 크게 포용하여 웅족 여왕과 혼인해 아들을
낳으시니 이름을 단군왕검이라 하였다.

'일웅일호'의 잘못된 해석

『삼국유사』를 쓴 일연 스님은, 고려가 몽골의 지배를 받던 당시 민족의
자주 의식을 고취하기 위해 고조선의 역사를 기록했습니다.

그런데 이분은 『환단고기』「삼성기」와 같은 옛 문서들을 접하지 못한
것 같습니다. 불교에 경도되어 『삼국유사』를 썼습니다. 그래서 기록에 한
계가 있습니다.

여기 보면 환웅천황이 3천 명의 무리를 데리고 동방으로 왔다고 했습니
다. 일가 다섯 명씩만 해도 실제 숫자는 한 2만 명 군단이 온 것입니다.

'강어태백산정신단수하降於太伯山頂神壇樹下 위지신시謂之神市 시위환웅천왕
야是謂桓雄天王也. 백두산 꼭대기 신단수 아래에 내려와서 신시라는 나라를
세웠는데 이분이 환웅천왕이시다.'

그리고 '시유일웅일호時有─熊─虎 동혈이거同穴而居 상기우신웅常祈于神雄 원
화위인願化爲人'이라고 했습니다. 나라를 세울 때 웅족과 호족이 와서 '저희
에게 환국의 우주 광명문화, 생활문화를 전수해 주옵소서!'라고 기도하는
내용입니다. 그리하여 환웅천황께서 쑥과 마늘을 주시며, '굴속에 들어가
천지에 제를 올리고 이것을 먹으며 백일 동안 집중 수행을 하라. 그러면
마침내 천왕의 백성 자격을 얻게 되리라.' 하시고 수행을 시킨 것입니다.
쑥과 마늘은 본래 한방에서 몸을 덥히고 냉을 다스리는 약으로 쓰이는데

熊女者 無與爲婚 故로 每於壇樹下에 呪願有孕이어늘
雄乃假化而婚之하사 孕生子하시니라

Thereafter, a woman of the Bear Clan, lacking any ideal man to marry, came to the foot of the Divine Tree daily and prayed to be blessed with a baby. Hence, Hwanung granted her provisional acceptance into the Hwan people, married her, and begot with her a son: Dangun Wanggeom [who later founded Joseon].

Controversy over the Interpretation of Samguk Yusa

The writer of the book *Samguk Yusa* was Il-yeon, a Buddhist monk in Korea's Goryeo Dynasty. Il-yeon is said to have written this book to rekindle the national spirit of independence at a time of national crisis, during the Mongol invasions of Korea.

However, it seems that he did not have access to older documents, such as *Samseong Gi* (*"Three Sacred Nations"*), written by Anhamro in the Silla period. Furthermore, he wrote his book while possessing an inclination towards Buddhism as a Buddhist monk, so it has problems of bias. It is important to be aware of this background when reading this book.

From the "Old Joseon" chapter of *Samguk Yusa*, we learn that Hwanung departed to the east to found a nation. It says that he was accompanied by three thousand people, but the phrase "three thousand people" in Korean could also be interpreted as "three thousand family units." If we estimate an average family to possess at least five members, the population of the civilization's pioneers could have been approximately twenty thousand. In any case, these people from Hwanguk went to the Divine Tree on the summit of Mt. Taebaeksan, and there Hwanung declared the founding of Baedal (with Sinsi as its capital) and became emperor.

The book's next section concerns a tale of two tribes: the Bear Tribe

요, 주로 마魔를 물리치는 공부를 하는 사람들이 먹었습니다.

그런데 이것을 문자 그대로 '한 마리 곰과 한 마리 호랑이가 찾아와서 짐승의 탈을 벗고 사람이 되게 해 주소서!'라고 기도했다는 것입니다. 이런 무지한 해석을 하는 사람은 아마 지구촌에서 대한민국 국민밖에 없을 것입니다.

바로 이곳 베를린이라는 이름은 베어(Bär) 즉 곰이라는 뜻입니다. 그러면 베를린 시민들이 곰입니까? 그 조상이 곰인가요? 그것이 아니라 이것은 토템입니다.

시베리아 동쪽에서 유럽으로 이동해 온 북방 유목민 가운데 돌궐족, 즉 투르크족이 있습니다. 이들은 터키인의 조상으로, 오스만제국 때에 이르러 동로마 비잔틴 제국을 멸망시켰습니다. 이 터키인의 조상 돌궐족이 머

| '곰과 호랑이가 환웅에게 찾아와 사람이 되게 해 달라고 빌었다'는 해석은 왜곡된 해석 |
A story in *Samguk Yusa* has been falsely or erroneously interpreted as: 'A bear and a tiger approached Hwanung and begged him to teach them a way to transform into human beings.'

and the Tiger Tribe. At the time of the founding of Baedal, these indigenous tribal people approached Hwanung and begged him to teach them Hwanguk's way of life, so that they could connect with the divine—with the radiant. So, Hwanung gave them mugwort and garlic, then instructed them, 'Go to a cave and offer a ritual to heaven and earth. Then undertake intensive meditation for one hundred days while eating those herbs. After one hundred days, you will recover your true self.' In traditional Eastern medicine, garlic and mugwort have generally been utilized by devoted meditators to warm their bodies and expel evil spirits.

However, this story has been falsely or erroneously interpreted as: 'A bear and a tiger approached Hwanung and begged him to teach them a way to transform into human beings.' What a naive interpretation this was!

The name 'Berlin' comes from the German word *Bär*, meaning "bear." Does this mean the citizens of Berlin are bears? Were their ancestors all bears? No, the bear was a totemic symbol of the people.

The Turks, otherwise known as the Turkish, were a prominent tribe among the northern nomads who came from the east of Siberia. The ancestors of the modern Turks were the ones who invaded the West

| 베를린의 상징, 곰(der Bär) | The bear is the symbol and mascot of Berlin.

리에 늑대 탈을 쓰고 다녔습니다. 그게 토템입니다. 돌궐족이 늑대가 아니지 않습니까?

부족이 하늘에서 영을 받아 자기들을 돌보아주고 더불어 사는 보호신적 존재로 동물을 토템으로 삼은 것인데, 한 마리 곰과 한 마리 호랑이가 와서 사람이 되게 해 달라고 했다고 대한민국 초·중·고등학교와 대학교의 역사 교과서가 『삼국유사』 원본을 인용하면서 그렇게 해석하고 있습니다.

| 초등 「사회」 22쪽 | 곰과 호랑이가 환웅에게 찾아와 사람이 되게 해 달라고 빌었다.
"A bear and a tiger came to Hwanung and pleaded with him to change them into human beings."
– Quoted from a Korean textbook for primary school children.

그러던 어느 날 곰과 호랑이가 환웅에게 찾아와 사람이 되게 해 달라고 빌었다.

환웅은 곰과 호랑이에게 쑥과 마늘을 주며 이렇게 말했다.

"이 쑥과 마늘을 먹고 백 일 동안 햇빛을 보지 않도록 하여라. 그러면 사람이 될 것이다."

곰과 호랑이는 기뻐하며 쑥과 마늘을 가지고 어두운 동굴로 들어갔다. 동굴에서 쑥과 마늘만 먹으면서 견디는

2 고조선의 건국과 여러 나라의 성립

| 생각 열기 | "남을 죽인 자는 곧바로 사형에 처한다. / 남에게 상처를 입힌 자는 곡식으로 배상한다. / 도둑질한 자는 그 집의 노비로 삼는다."《8조법》 최초의 국가 고조선은 어떠한 나라였을까?

고조선의 건국과 발전

청동기 문화와 농경 사회를 배경으로 만주와 한반도 서북부 지역에서 고조선이 건국되었다. 단군 이야기에 따르면, 천신 환인의 아들 환웅이 비와 구름, 바람을 주관하는 관리와 무리 3천을 이끌고 태백산 신단수 아래에 내려와 신시를 세우고, 곰이 변한 여자와 혼인하여 단군을 낳았으며, 단군이 고조선을 건국하였다고 한다.

| 고등 「한국사」 | 환웅이 … 곰이 변한 여자와 혼인하여 단군을 낳았으며
"Hwanung married the woman who had been a bear and they had a son, Dangun...."
– Quoted from a Korean history textbook for high school students.

and destroyed the Eastern Roman Empire during the period of the Ottoman Empire. They used to wear wolf masks in war. That was their totem. This does not mean the Turks were wolves.

The tribes received spiritual inspiration from heaven and built their totems with a specific animal as their guardian spirits. It was not a real bear and a tiger that came to Hwanung to ask the way to become human. However, school history textbooks in Korea interpret this passage in *Samguk Yusa* in this foolish way.

고구려 각저총의 벽화에 보이는 곰과 호랑이 고구려 고분인 각저총의 그림에서 씨름하는 사람 옆의 나무 밑에 곰과 호랑이의 모습이 그려져 있다. 고구려에도 곰과 호랑이를 숭배하는 신앙이 계승되었음을 알 수 있다.

역사 자료 읽기 단군 신화

한하므로, 이에 천부인 세 개를 주어 내려 보내어 다스리게 하였다. 환웅이 3천여 명의 무리를 거느리고 태백산 꼭대기 신단수 아래에 내려와 그곳을 신시라 이름하고, 자신을 환웅천왕이라 하였다. 그리고 바람과 비와 구름을 관장하는 자들을 거느려 곡식과 생명, 병과 형벌, 선과 악을 맡게 하고, 무릇 인간 세상의 360여 가지 일들을 주관하여 살면서 세상을 다스리고 교화하였다. 때마침 곰 한 마리와 호랑이 한 마리가 같은 굴에 살면서 환웅에게 늘 사람으로 변하도록 해 달라고 빌었다. 이때 환웅은 영험이 있는 쑥 한 타래와 마늘 스무 개를 주면서 말하기를, "너희가 이것을 먹고 100일 동안 햇빛을 보지 않으면 사람이 될 수 있을 것이다."라고 하였다. 곰과 호랑이는 이것을 얻어먹고 21일 동안 조심하여 곰은 여자의 몸이 되었으나, 호랑이는 조심하지 못하여 사람이 되지 못하였다. 곰 여인은 혼인할 자리가 없었으므로 매번 신단수 아래에서 아이를 갖게 해 달라고 빌었다. 환웅이 이에 잠시 사람으로 변해서 그녀와 혼인하여 아들을 낳으니, 이름을 단군왕검이라 하였다. 단군왕검은 중국의 요 임금이 왕위에 오른 지 50년이 되는 경인년에 평양성에 도읍하고, 비로소 조선이라 일컬었다.

- 『삼국유사』 -

 1. 단군 신화에서 고조선이 농업 사회를 기반으로 건국되었음을 나타내 주는 내용을 찾아보자.

2. 단군 신화에 등장하는 곰과 호랑이를 통해 알 수 있는 사실은?

3. 고조선 지배자의 칭호인 '단군왕검'을 통해 알 수 있는 사실은?

| 중학 「역사」 35쪽 |
곰은 여자의 몸이 되었으나...

"The bear eventually took the form of a woman...."
– Quoted from a Korean history textbook for middle school students.

금악산

천산

삼위산

환웅천황의 이동

신시

태백산(백두산)

환국의 우주광명 문화를 계승한 장자長子로서
환웅이 동방으로 이동했다

　그런데 『삼국유사』 「고조선」을 가만히 보면, 인류 창세의 첫 나라 환국
에 '아버지 문화'가 있었다는 것을 알 수 있습니다.

　　서자환웅삭의천하탐구인세
　　庶子桓雄數意天下貪求人世
　　부지자의하시삼위태백가이홍익인간
　　父知子意下視三危太伯可以弘益人間.

　환웅은 환국의 우주 광명문화의 정신, 심법을 계승한 장자長子로서 동방
으로 온 것입니다. 『환단고기』 「삼성기」에서도 알타이산(금악산)과 중국에
있는 삼위산, 동방의 태백산(백두산) 가운데 태백산이 홍익인간이 되기에
가장 적지適地다 해서 이곳으로 왔다고 합니다.

지구촌 역사 교과서의 한국사 왜곡

　『삼국유사』 「고조선」은 인류 역사의 고향인 환국에 대해 그리고 동방
한민족의 뿌리 국가인 배달과 조선에 대한 기록을 남겨 놓았습니다. 그
러나 이 기록은 동시에 <u>일본 제국주의자들이 동방 한민족사를 왜곡·날조</u>

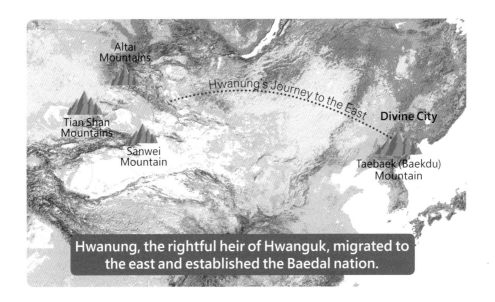

Hwanung, the rightful heir of Hwanguk, migrated to the east and established the Baedal nation.

It is written in *Samguk Yusa*: "Hwanung of Seojabu aspired to save all under heaven and bring deliverance to the human world. Perceiving his son's aspiration, Hwanin, ruler of Hwanguk, gazed upon Mt. Sanwei and Mt. Taebaeksan and deemed both suitable for fostering wide-reaching benefits for humanity."

Hwanung, the son of Hwanin, was the heir of Hwanguk ("Radiant Land"). Hwanung founded a nation in the region around Mt. Taebaeksan [Baekdu Mountain] because, among the great mountains of Asia (including the Altai Mountains in Mongolia and Mt. Sanwei in China), Mt. Taebaeksan was considered the most suitable place for "fostering wide-reaching benefits for humanity." The same historical event is also recorded in *Hwandan Gogi*.

World History Textbooks Convey Incorrect Information About Korean History

Though *Samguk Yusa* contains the record of Hwanguk, the first civilization of humanity, it also left room for the Japanese imperialists to insist that Hwanguk, Baedal, and Joseon were not real nations in

하고 부정하는 빌미를 제공하였습니다. 일본 제국주의자들은 이 『삼국유사』 「고조선」을 근거로 '환국, 배달, 조선의 삼성조 역사는 믿을 수 있는 국가 성립사가 아니다.'라고 하며 우리의 시원 역사를 송두리째 부정하였습니다.

조선사편수회에 참여했던 조선인 식민사학자 이병도 박사 이후, 2세대 3세대 식민사학자들이 대한민국의 어린이와 청소년들에게 식민주의 역사관을 가르치고, 그 교육을 받은 대한의 아들딸들이 대학에 가서 다시 식민역사학자가 되는 악순환이 지속돼 왔습니다. 그러면서 지구촌의 모든 한국사 교과서가 왜곡되는 결과를 낳았습니다.

그렇다면 지구촌 여러 나라에서 교육하고 있는 우리 한국사 교과서의 왜곡 실태를 한 번 보겠습니다. 과연 어떻게 돼 있을까요?

서양이나 동양의 교과서가 똑같이 '한국은 한漢 나라의 반华 식민지, 또는 원나라의 완전한 식민지로 살았다.'라고 기록을 해놓은 것입니다. 한마디로 100% 거짓말 역사입니다. 그리고 2,200년 전, 진秦 나라 때 우리 한반도 땅의 절반이 진나라 영토로 표시되어 있습니다. 중국은 남북이 통일되면 한강 이북은 중국 땅이라고 얼토당토 않은 주장을 합니다! 이것이 중국 정부에서 역사학자들을 동원하여 수년간 진행해 온 소위 동북공정東北工程입니다.

지금 대한민국의 주변에 있는 대만, 일본, 중국은 물론 미국, 프랑스, 독일 등 모든 지구촌 역사 교과서가 일제 식민사학자들이 부정하고 왜곡시켜 놓은 한국의 역사를 아무 비판 없이 그대로 받아들여서 역사의 진실인 것처럼 가르치고 있습니다. 게다가 한국인의 정서 속에는 조국의 역사와 고유문화 정신을 우습게 아는 무서운 독버섯이 깊숙이 뿌리박혀서 체질화되어 있습니다.

history. The Japanese began to deny the history of these three nations, claiming that it is not a reliable history of the formation of the nations.

After Yi Pyong-do, a first-generation colonial historian, the second and third generations of colonial historians continued to teach this distorted history to Korean children in schools, and these children subsequently grew to become colonially biased historians themselves. This vicious cycle continued and history textbooks throughout the world teach falsehoods about Korean history. Let's examine what they teach.

It is written in many history textbooks of both the East and the West that China's Han Dynasty colonized half the Korean Peninsula or that the Yuan Dynasty colonized the whole territory of Korea. Some textbooks claim that Korea conceded half of its territory to China's Qin Dynasty. This is one hundred percent incorrect distorted history. These distortions of history are likely to be seized as grounds for the Chinese to occupy the northern part of the Korean Peninsula if the North Korean regime collapses. This is exactly what the Chinese authorities are aiming at with their national-level research project on history, called "The Northeast Project."

Global history textbooks—including those of Taiwan, Japan, China, as well as of US, France, Germany—mindlessly copy these twisted and falsified claims about Korean history concocted by Japanese colonial historians. Moreover, the tendency to undervalue their own history and indigenous culture is deeply rooted in the consciousness of Koreans and is spreading like poison.

『세계사 World History』(글렌코 맥그로 힐 출판, 2004)

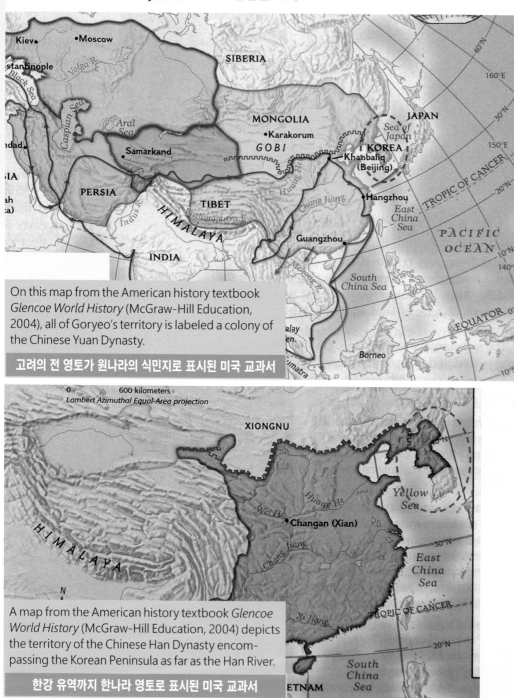

On this map from the American history textbook *Glencoe World History* (McGraw-Hill Education, 2004), all of Goryeo's territory is labeled a colony of the Chinese Yuan Dynasty.

고려의 전 영토가 원나라의 식민지로 표시된 미국 교과서

A map from the American history textbook *Glencoe World History* (McGraw-Hill Education, 2004) depicts the territory of the Chinese Han Dynasty encompassing the Korean Peninsula as far as the Han River.

한강 유역까지 한나라 영토로 표시된 미국 교과서

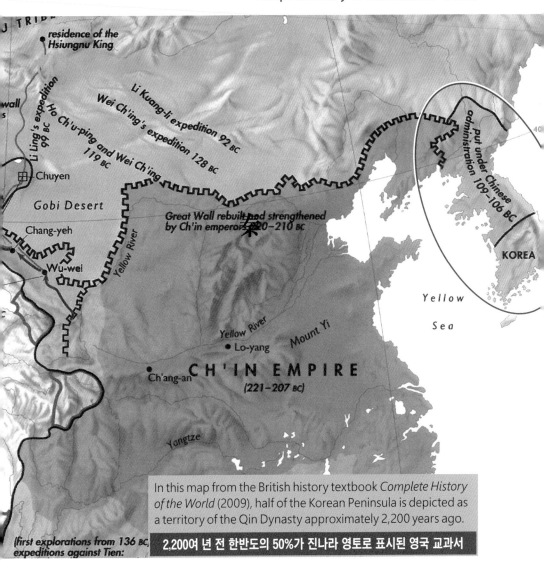

residence of the
Hsiungnu King

Li Ling's expedition
99 BC

Ho Ch'u-ping and Wei Ch'ing
119 BC

Li Kuang-li expedition 92 BC

Wei Ch'ing's expedition 128 BC

wall
s

Chuyen

Gobi Desert

Chang-yeh

Wu-wei

Yellow River

Great Wall rebuilt and strengthened
by Ch'in emperors 220–210 BC

put under Chinese
administration 109–106 BC

KOREA

Yellow

Sea

Yellow River

Mount Yi

Lo-yang

Ch'ang-an **CH'IN EMPIRE**

(221–207 BC)

Yangtze

In this map from the British history textbook *Complete History
of the World* (2009), half of the Korean Peninsula is depicted as
a territory of the Qin Dynasty approximately 2,200 years ago.

2,200여 년 전 한반도의 50%가 진나라 영토로 표시된 영국 교과서

first explorations from 136 BC,
expeditions against Tien:

『환단고기』의 가치

『환단고기』는 환국, 배달, 단군조선(소위 고조선)의 시원 문화 역사 기록을 담고 있는 소중한 역사서입니다. 신라 시대부터 천 년에 걸쳐서 다섯 분이 쓴 사서들을 계연수 선생이 모아서 『환단고기』에 실어놓았습니다. 조선왕조가 망한 다음 해인 1911년, '이제 다 함께 이 책을 읽을 수 있는 때를 맞이했다.' 해서 초간본이 나온 것입니다.

다섯 분이 천 년 세월 속에서 쓴 다섯 종의 사서

구분	삼성기 상	삼성기 하	단군세기	북부여기	태백일사
저자	신라 안함로	고려 원동중	고려말 이암	고려말 범장	조선 중기 이맥 (1455~1528)
소장자	계연수 (1864~1920)	백관묵 (1804~?)	백관묵 이형식	이형식 (1796~?)	이기 (1848~1909)

그럼 『환단고기』는 어떤 책인가?

첫째, 『환단고기』는 서양문명의 근원과 동북아 한·중·일을 건국한 시조始祖를 밝혀 줍니다. 뿐만 아니라 수학, 천문학, 과학, 철학, 종교, 언어, 인류 생활문화 원형의 실상을 보여 주고 있습니다. 한마디로 『환단고기』는 우주 사상의 원전元典입니다. 지구촌에 있는 모든 역사, 종교, 문화 원전 가운데 유일한 인류 창세 역사와 원형문화의 원전입니다.

그리고 『환단고기』는 인간 마음의 구성 원리, 즉 인간이란 무엇인가, 너는 누구인가, 나는 누구인가에 대한 해답을 풀어 줍니다. 인간의 마음을 기성종교처럼 그냥 한마음이라고 말하지 않습니다. 아주 특이하게 인류 원형문화 언어로 '삼일심법三─心法'이라고 합니다.

『환단고기』의 서문에는 '환국, 배달과 단군조선으로 전해 내려온 삼일 심법이 진실로 이 책에 들어 있다.'고 했습니다. 인간은 인류 원형문화 시

The Priceless Value of Hwandan Gogi

Fortunately, a uniquely precious Korean historical record still survives. It is *Hwandan Gogi* (*"The Ancient Records of Hwan and Dan"*), which records in detail ancient Korea's important historical events during the reigns of Hwanguk, Baedal, and Joseon. Over a span of one thousand years, five prominent scholars collected valuable historical literature of Korea, and they wrote five history records that later became compiled in *Hwandan Gogi*. In 1911, a year after the fall of the Joseon Dynasty, the first edition of *Hwandan Gogi* was published.

Books of *Hwandan Gogi* and Their Authors

Samseong Gi – First Volume	Samseong Gi – Second Volume	Dangun Segi	Buk Buyeo Gi	Taebaek Ilsa
Anhamro (579-640)	Won Dong-jung (?-?)	Yi Am (1297-1364)	Beom Jang (?-1395)	Yi Maek (1455-1528)
1 volume, 1 book	1 volume, 1 book	1 volume, 1 book	1 volume, 2 books	1 volume, 8 books

Five volumes written by five authors.

So what kind of book is *Hwandan Gogi*?

First, *Hwandan Gogi* not only reveals the founding fathers of Korea, China, and Japan, but also gives clues to questions regarding the origin of Western civilization. It also contains records of the earliest forms of mathematics, astronomy, science, philosophy, religion, language, and other branches of human knowledge. In short, *Hwandan Gogi* is a unique book that takes us on a journey back to the beginning of human civilization and reveals the secrets of the world's foundational culture.

Hwandan Gogi also explores questions such as: "What is a human being?" "Who are you?" "Who am I?" and "What is the human mind?" It doesn't simplify the human mind as a singularity. Instead, it tells us

대인 환국과 배달, 조선의 7천 년 역사문화의 정신에 눈뜰 때 인간 마음의 원형, 인간의 진정한 본모습을 회복할 수 있습니다. 환국, 배달, 조선 삼성조 시대의 역사 문화 정신을 되찾을 때 우리는 본래의 참마음, 일심—心을 가질 수 있습니다.

제2부 각성의 시간에는 환국, 배달, 조선의 역사와 한국뿐만 아니라 지구촌 전역에 있는 문화 유적지, 또는 박물관에서 실제 환국, 배달, 단군조선 시대의 역사 유물을 어떻게 보관하고 전시하고 있는지 간단히 정리해 드릴까 합니다.

of the Three-One Mindset, using that unique term which has its roots in the original human culture.

The compiler of the book *Hwandan Gogi* wrote in the preface that the Three-One Mindset is explained in the book *Hwandan Gogi*. The Three-One Mindset was one of the foundational tenets of the three successive ancient nations of East Asia (Hwanguk, Baedal, and Joseon, which spanned 7,000 years in total), and is also one of the tenets that governs our own inner nature: One Mind.

In the second part of this discourse, I will discuss in detail the three successive ancient nations of Hwanguk, Baedal, and Joseon, and examine how cultural and historical remnants of their existence have been preserved and exhibited in cultural sites and museums throughout the world.

각성의 시간

먼저 우리의 관념을 깨는 한마디를 강조하고 싶습니다. 호주 시드니 대학의 김현진 교수가 훈족에 대한 멋진 책을 하나 썼는데, 그는 결론에서 **"동양과 서양으로 나누는 것은 지식인들의 허구적인 가면이다!"**라고 했습니다. 그리고 또 유럽과 아시아를 분리하는 것은 삐뚤어진 '이념적 환상(ideological illusion)'의 무의미한 행동이다."라는 표현을 쓰고 있습니다. 무의미한 짓이다, 동과 서를 나눌 수 없다는 것입니다!

2천여 년 전부터 유라시아 대륙의 유목문화가 유럽에 들어왔습니다. 유럽의 많은 나라들, 특히 **동유럽과 중부유럽의 많은 나라가 동양 유목문화의 영향을 받았습니다.** 헝가리, 오스트레일리아, 독일에 있는 박물관 어디를 가더라도 눈으로 직접 확인할 수 있습니다. 유라시아 대륙을 가로지르는 스텝 지대를 따라 동서양의 여러 부족과 인종들이 오갔던 것입니다. 동양과 서양을 인종이나 지리학 또는 문화, 종교 가르침의 특성으로 구분할 수는 있지만, 실제 인간 삶의 본질 문제를 가지고 구분할 수는 없다는 것입니다. 이건 정말로 놀라운, 성숙한 대가의 지적이라 볼 수 있습니다.

Part 2

A Time of Awakening

Before we begin Part Two, I'd like to share with you a passage from the book *The Huns, Rome and the Birth of Europe* by Professor Hyun Jin Kim of the University of Melbourne: "To divide Europe and Asia is, both geographically and historically, a pointless exercise in tortuous, ideological illusions." He is saying that it is pointless and meaningless to separate the East and the West. This is truly an amazing and advanced insight from a great scholar. The nomadic culture of the Eurasian Steppe spread to Europe two thousand years ago, and the traces of this culture are found throughout Europe. Although their races are different and they have now developed their own religions and cultures and live in separate geographical locations, people in the East and West share common values and identities.

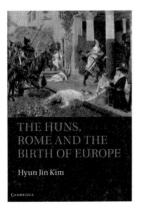

"유럽과 아시아를 분리하는 것은 비뚤어진 이념적 환상의 무의미한 행동이다."
(김현진 교수의 『훈족, 로마, 그리고 유럽의 탄생』 중에서)

"To divide Europe and Asia is, … a pointless exercise in tortuous, ideological illusions."
– *The Huns, Rome and the Birth of Europe* by Professor Hyun Jin Kim.

1. 환국에서 발원한 인류 문명

환桓·단檀·한韓의 의미

먼저 동서 인류가 함께 살던 역사의 고향, 역사의 조국인 환국에 대해 살펴보겠습니다. 환국桓國이라는 나라 이름이 나타내는 것은, 대자연의 본성, 인간 마음의 본성, 우주의 신의 본성, 만물의 본성, **살아 있는 만유 생명의 본성은 단 한 글자, 바로 '밝을 환桓'**이라는 것입니다. 이 본성이 얼마나 밝은가 하면, 온 우주를 비추고 있습니다. 그래서 이것을 하늘 광명, 천상광명 환桓이라 합니다.

그리고 하늘의 광명과 생명의 유전자를 받아서 하늘 아버지의 뜻을 이뤄나가는 어머니 지구의 광명을 '단檀'이라 합니다. 그러니 '환단'은 '천지 광명, 우주 광명'이고, 『환단고기』란 '천지 광명을 체험하고 살았던 한민족과 인류 조상들의 창세 시대 역사 이야기, 문화 창조의 이야기'입니다. 이를 알면 『환단고기』의 대의를 알게 되고, 9천 년 역사 문화 여정을 향해 나아갈 수 있는 것입니다.

원형문화 시대의 삶의 가치, 광명

환국·배달·조선은 인류 원형문화 시대입니다. 사람 몸의 유전자처럼 문화에도 원형문화의 유전자가 있습니다. 이것은 천 년, 만 년이 지나도 근본이 바뀌는 게 아닙니다.

그때는 **인간이 우주의 광명을 체험하면서 살았습니다.** 삶의 목적은 단순하지만 가장 근원적인 삶이었어요. **영원한 생명의 가치는 광명, 빛에 있습니다.** 그래서 『환단고기』는 다시 말해 우주 광명문화의 원전입니다. 그 시대 사람들은 광명을 체험하고 살았기 때문에 마음속의 세속적인 욕망, 투쟁, 갈등이 없었습니다.

1. Hwanguk: The First Civilization

The Meaning of the Name 'Hwanguk'

The earliest civilization of humanity was Hwanguk.

What the name 'Hwanguk' reveals is one of the most characteristic attributes of this civilization. It combines the word *hwan* ("radiance") with the word *guk* ("nation"). The single word '*hwan*' represents the original nature of all living beings, the cosmos, God, and the human mind: bright and radiant. Since '*hwan*' signifies brightness that radiates throughout the entire universe, more accurate translations of this word would be 'the cosmic light' or 'the heavenly radiance.'

In short, *hwan* is the light of heaven (*pater aether*). Meanwhile, the light of earth (*mater terra*)—that fulfills the ideals of heaven—is signified by the word *dan*. The people who founded the first civilization nine thousand years ago lived in harmony with the brilliant radiance of heaven and earth—*hwan* and *dan*. The book *Hwandan Gogi* (literally, "The Ancient Records of Hwan and Dan") reveals their untold history.

The Life of Radiance Pursued by the Ancients

Hwandan Gogi guides us on a journey to rediscover Hwanguk, Baedal, and Joseon, where the earliest human cultures were formed. Cultures around the world often have common and universal elements, which were initially formed in the beginning of human civilization. These universal elements usually reappear over and over again in later generations, as though they were genetic code, no matter how many years pass by—be it a thousand years or tens of thousands of years.

One very important characteristic of the earliest human cultures is that people pursued a life of radiance. These people experienced a deep connection with the divine and the radiant. The purpose of their life was simple but very fundamental: to live eternally in the brightness, the radiance.

환국·배달·조선·수메르 문명

　영국 학자 스티븐 테일러는 『타락』이라고 하는 책에서 "동서양 어디를 가봐도 6천 년 전의 무덤에서는 전쟁 도구가 나오지 않는다."고 했습니다. 여러 형태의 부장품이 출토되었는데 그중에 전쟁 무기는 어디에도 없더라는 것입니다. 당시 인류는 자연과 하나 되어 조화를 삶의 중심 가치로 놓고 살았던 것입니다. 비록 나무 열매를 따 먹고 초목의 뿌리를 캐 먹고 살았어도 정착농경민이나 고기를 먹던 사람들보다도 훨씬 더 강건하고 오래 살았다고 합니다. 그러한 사실들이 6천 년 전의 무덤이 발굴되면서 고고학적으로 증명이 되었습니다. 당시 사람들의 키를 보면, 남성은 보통 1m 76cm가 넘었고 여성들은 1m 67cm가 넘었다고 합니다.

　당시 **인간 삶의 목적이 광명을 체현하는** 것이었기 때문에 사람들은 무병장수했습니다. 『환단고기』의 『태백일사』를 보면, 그때는 '인개자호위환 人皆自號爲桓, 사람들 모두 스스로 환이라 불렀다.'고 합니다. 그리고 이 **밝은 광명의 사람들**을 다스리는 우두머리(감군監群)를 '인仁'이라 했습니다. 서양문명의 근원인 이라크 남부의 수메르 문명에서도 그 지도자를 '인En' 이라 했습니다. 그리고 자기들은 천산天山(안샨)에서 넘어왔다고 했습니다.

전쟁은 단지 기원전 4천 년경에 시작된 듯하다. (24쪽)
옛날에 인류가 서로 화합하고 자연과 조화를 이루어 살며
… 전쟁도 없고, 이기심도 공포도 없던 시절이 있었다. (144쪽)
- 스티브 테일러 『자아폭발(원제 : The Fall타락)』

"…warfare only seems to have begun at around 4000
BCE." – *The Fall*.
"There was an ancient time when human beings lived
in harmony with each other and with nature... there
was no war, and no selfishness or fear." – *The Fall*.

Hwandan Gogi illustrates the life of radiance the ancients pursued. Because people of these eras exuded and expressed bright inner radiance, they were free from worldly desires. Naturally, there were no struggles, conflicts, or wars.

A book titled *The Fall* by Steven Taylor, a British scholar, asserts that no weaponry has been excavated from graves anywhere in the East and the West from six thousand years ago. It was an era when people lived in harmony with nature and practiced harmony as their central value. Moreover, people in this era were physically larger and more robust and lived much longer than those in the later times. Based on the excavation of three tombs from approximately six thousand years ago, the average man's height during that time was over 176 centimeters (5 ft. 9.3 in.) and the average woman's height was over 167 centimeters (5 ft. 5.7 in).

The people of the earliest human cultures lived long and enjoyed good health because they lived as one with cosmic radiance. The chapter "Annals of Hwanguk" in *Hwandan Gogi* states that the people of Hwanguk were spiritually mature, each of them becoming a person of *hwan* (桓, "radiance"). And the ruler of those radiant people was known as 'Hwanin,' a term made up of two words: *hwan* and *in*. *In* was a title for a sovereign.

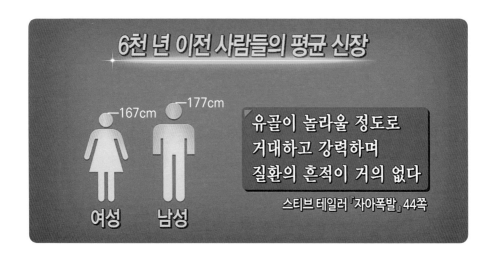

6천 년 이전 사람들의 평균 신장

여성 ―167cm
남성 ―177cm

유골이 놀라울 정도로
거대하고 강력하며
질환의 흔적이 거의 없다

스티브 테일러 「자아폭발」 44쪽

『환단고기』에서 선언한 인간의 위격

『환단고기』는 우주의 광명을 해석해 주고 있습니다. '이 광명 자체가 신神이다. 조물주가 바로 우주 광명이다.'라는 겁니다.

『태백일사』「삼신오제본기」를 보면 '대시大始에 상하上下와 동서남북 사방에는 일찍이 암흑이 보이지 않았고, 언제나 오직 한 광명뿐이었다.'고 나옵니다.

그럼 『환단고기』의 첫 문장을 보겠습니다.

"오환건국吾桓建國이 최고最古라."

인류 원형문화와 역사의 원전이라 할 수 있는 이 책의 첫 문장이 '오환건국이 최고라.'입니다. '우리 환족이 나라를 세운 것이 가장 오래되었다.'는 것입니다. 그런데 이 내용을 좀 더 분석해 보면, 앞의 두 글자는 문장 안에 문장이 또 있습니다. '오吾'는 다섯 '오五' 자에 입 '구口' 자를 썼는데 이 글자를 '우리 오'라 해도 되고, '나 오'라고 해석해도 됩니다. 따라서 '오환'은 '나는 환이다. 너도 환이다. 70억 인류는 모두 환이다. 우리는 살아 있는 우주 광명 자체다!'라는 뜻입니다. 이보다 더 위대한 인간 존엄 사상은 없습니다. 단 한 글자로써 동서의 어떤 종교, 사상보다 더 위대하고

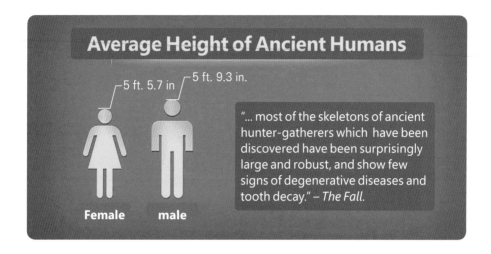

Average Height of Ancient Humans

5 ft. 5.7 in

5 ft. 9.3 in.

"... most of the skeletons of ancient hunter-gatherers which have been discovered have been surprisingly large and robust, and show few signs of degenerative diseases and tooth decay." – *The Fall.*

Female male

By the way, the kings of the Sumerian civilization (one of the first civilizations in the world, located in Mesopotamia) were called 'En,' which is very similar to the Korean pronunciation of 'In.'

Hwandan Gogi Proclaims the Inherent Nobility of Human Beings

Hwandan Gogi explains that God, the Creator, exists as a brilliant light. The book reveals, "In the great beginning, darkness did not exist above, below, or in the four directions. A singular radiance was all."

Let us look at a quote from the "Three Sacred Nations" chapter of the *Hwandan Gogi*. The author, who was an enlightened monk in Korea's Silla Dynasty, proclaims, "We the Hwan people founded the most ancient of all nations."

In this sentence, the meaning of "the Hwan people" is not confined to the ancient residents of Hwanguk. It actually refers to all human beings around the world, who are the descendants of the people of Hwanguk. The author is declaring, 'We are all *hwan*, the radiant people.' In other words: 'I am *hwan*; you are *hwan*; and each of us are *hwan*—the radiance itself.'

There is no greater ideology about human nobility than this. With a single word, *hwan*, it declares an eternal theme much greater than any

영원한 주제를 선언하고 있습니다.

『환단고기』에서 말하는 단순하고 정말로 간결한, 그러면서도 가장 숭고한 인간의 위격이 무엇인가? '인간은 우주 광명 자체다. 살아 있는 신 자체다!'라는 것입니다.

『삼성기』상	『삼국유사』「고조선」
吾桓建國이 最古라	昔有桓国
우리 환족이 나라를 세운 것이 가장 오래 되었다	옛적에 환국이 있었다

동방 한민족의 삼신문화

환은 그 자체가 신입니다. 『태백일사』「환국본기」에 '환자桓者는 전일야숲-也'라는 구절이 있습니다. '광명을 체험하면, 광명이 우리 몸에 들어오면 온전하게 만물과 하나가 된다.'는 뜻입니다. 그러면 마음속에 있는 갈등과 시비심, 일체의 번뇌가 한순간에 사라집니다.

그런데 이 광명 속의 신은 항상 3수로써 우주를 구성합니다. 3수 법칙으로 우주를 창조하고 우주 역사를 주관합니다. 따라서 신은 일신一神이 아니라 삼신三神입니다.

아버지 하늘의 광명은 만물을 창조하는 조화造化요, 어머니 땅의 광명은 낳아서 기르는 교화敎化요, 인간의 광명은 인간 몸속에 내주內住해 있는 우주 광명, 천지 부모의 광명을 깨달아 현실 역사를 다스리고 정치 시스템을 갖추는 치화治化의 기능을 합니다.

삼신을 하늘 광명, 땅 광명, 인간 광명이라고도 하고, 또는 그 기능으로 보아 낳고(조화造化) 기르고(교화敎化) 다스린다(치화治化) 해서 '조교치造敎治' 삼신이라 합니다.

idea of other religions or ideologies in the East and the West. In short, it says that humans are the cosmic radiance, the living God itself.

"We the Hwan people founded the most ancient of all nations."	"The Hwanguk nation existed long ago."
– Quote from the "Three Sacred Nations" chapter of the *Hwandan Gogi*.	– Quote from the "Old Joseon" chapter of the *Samguk Yusa*.

Samsin and the Three Ancient Eras

So, *hwan*, the bright resplendence, is God himself. "Annals of Hwanguk" contains a phrase: "*Hwan* means 'a complete one.'" When we experience our bright inner radiance, we become completely one with all others. Then all kinds of unease, worry, and anxiety disappear in an instant.

This God, who is the bright radiance itself, creates and governs the universe with 'the principle of three.' Since it creates and controls the universe in three ways, the Creator is not just 'One God,' it is 'Samsin' ("Triune God"). Samsin consists of three kinds of radiance: heaven's radiance, earth's radiance, and humanity's radiance. It has three functions: giving birth to, nurturing, and governing all beings.

Each of God's three functions (creating, edifying, and governing all beings) was the underlying force behind the establishment of the three ancient nations of East Asia, the basis on which their state systems were devised.

삼신 三神	하늘 광명天光明	조화신
	땅 광명地光明	교화신
	인간 광명人光明 (인간 몸속의 우주광명)	**치화신**

　환국은 하늘 광명을 중심으로 신의 조화, 신의 창조 권능을 역사役事하였습니다. 바로 조화 문명 시대였던 것입니다. 환국을 계승한 동방의 배달국과 서양의 수메르 문명은 어머니 땅의 광명으로 세상을 다스려 문명을 연 시대였습니다. 지구촌의 모든 생활 도구가 지금부터 6천 년 전의 배달국과 수메르 문명에서 나왔습니다.

　환국·배달·조선의 문명 시대를 크게 보면, **환국은 조화 문명 시대, 배달국은 교화 문명 시대, 단군조선은 치화 문명 시대입니다. 삼신의 정신을 바탕으로 역사의 기강을 바로 세웠던 것입니다.**

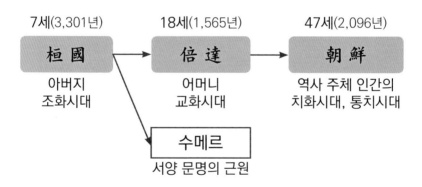

	Heaven's Radiance	Creating God
'Samsin' ("Triune God")	Earth's Radiance	Edifying God
	Humanity's Radiance	Governing God

First of all, Hwanguk was an era when Samsin's power of creation came into play (the era of heaven's radiance). Second, the era of Baedal in the east and Sumer in the west, both of which succeeded Hwanguk, was a period when Samsin's nurturing and edifying power was critical in the advancement of civilization (the era of earth's radiance). Many important inventions were made to facilitate life during this time. The third era, Joseon, was a time when Samsin's governing power prevailed (the era of humanity's radiance). It was an era when people invented more sophisticated and effective political systems.

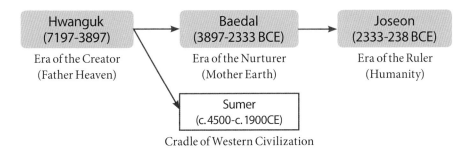

환국의 역년

그런데 『환단고기』 첫 권 『삼성기』 하를 보면 이런 문구가 나옵니다.

역 년　공 삼 천 삼 백 일 년
歷年이 共三千三百一年이오

혹 운 육 만 삼 천 일 백 팔 십 이 년　　미 지 숙 시
或云六萬三千一百八十二年이라 하니 未知孰是라.

(환국의) 역년은 3,301년인데, 혹자는 63,182년이라고도 하니 어느 것이 옳은지 알 수 없다.

혹 운 육 만 삼 천 일 백 팔 십 이 년 일　　미 지 숙 시
或云六萬三千一百八十二年이라 하니 未知孰是라.

(환국의 역년을) 혹자는 63,182년이라고도 하니 어느 것이 옳은지 알 수 없다. (『삼성기』 하)

제가 30년이 넘는 시간 동안 지구촌 역사 문화 현장을 직접 답사했습니다. 러시아의 광활한 시베리아 땅을 거닐 때 '환국의 역사를 왜 그렇게 두 시간대로 말했을까?' 하고 생각을 해본 적이 있습니다.

자, 이해를 돕기 위해 6만 년 전을 기점으로 그 이후 인류 역사를 한번 간단히 정리해 보겠습니다. 5만 년 전에 현생 인류, 슬기슬기 인간(호모 사피엔스 사피엔스)이 나타났습니다. 그러고서 2만 년 전에서 1만 년 전에는 유럽의 빙하가 한 4km 정도 녹아서 대서양으로 흘러 들어가고, 그 과정에서 특히 1만 6천 년 전에서 1만 1천 년 전 사이에 유럽과 서아시아에 작은 소빙하기가 세 번 왔습니다. 이때 유럽에 거주하던 사람들이 동쪽으로 이주하여

1만 6천~ 1만 1천 년 전에 유럽과 서아시아는 3번의 빙하기를 겪었다.

Three ice ages occurred in Europe and the West Asia between 11,000 and 16,000 years ago.

Mysteries Regarding the Time of Hwanguk's Appearance

Historical records indicate that Hwanguk was the earliest civilization on earth. But still a mystery is the timeframe of Hwanguk's first appearance. *Hwandan Gogi* states "Hwanguk spanned 3,301 years under the rule of seven sovereigns. Yet, other records suggest it actually spanned 63,182 years. It is not clear which is correct."

I have spent almost thirty years exploring the world, and while traveling in Siberia, I had time to deeply contemplate this issue: why did the author record these two different durations for the Hwanguk era? We will find the answer if we examine the history of the human species. Let's briefly take a look at it.

Fifty thousand years ago, modern humans, *homo sapiens sapiens*, appeared. Then, the sea level of the Atlantic Ocean rose dramatically as a result of ice sheets melting in Eurasia approximately ten thousand to twenty thousand years ago. During this timeframe, there were three short glacial eras in Europe and West Asia, between eleven thousand and sixteen thousand years ago. Archaeologists found that the Europeans at that time migrated to the east and settled in Siberia.

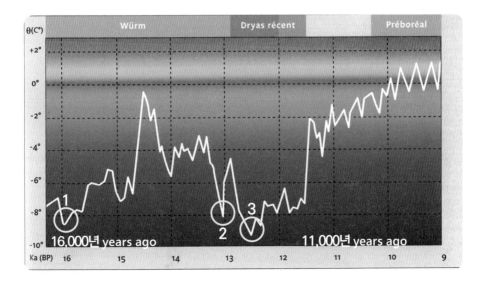

시베리아까지 와서 살았다는 기록이 있습니다. 그리고 1만 년 전에 신석기 문명이 폭발적으로 발전하면서 인류문명이 도약하기 시작합니다.

6천 년 전에는 지구에 급속한 기후 변화가 와서 중앙아시아 지역이 사막화되면서 환국 문명이 나비의 두 날개처럼 동서로 나눠졌습니다. 동방의 배달국과 서남아시아의 수메르 문명으로 말이죠.

그리고 4천 년 전, 동북아시아에 인류 역사의 또 다른 자연 대재앙, 9년 홍수가 찾아왔습니다. 그 끝에 중국의 첫 번째 고대 왕조인 하나라가 성립되었습니다.

자, 이런 역사 시각을 가지고 환국으로 들어가 보기로 하겠습니다.

유적과 유물로 보는 인류 시원 문명의 자취

우리는 1만 년 전 이후 환국을 지구 최초의 문명국가로 정의하였습니다. 그러면 5만 년 전부터 4만 년 전까지의 역사는 완전히 미개한 시대였을까요? 지금까지 지구 문명을 탐험한 사람들은, 빈곤한 역사 상식으로 구석기 시대의 인간을 전부 야만인으로 보고 있습니다. 이런 사고방식이 지금 우리 의식 속에 뿌리 박혀 있습니다.

당시 사람들이 늘상 입에 게거품을 물고 공격적인 행동을 한다거나 몽둥이로 상대방의 머리통을 후려갈기는 "야만인들"이라는 신화는 전혀 정확하지 않다. (『자아폭발』 45쪽)
"The general assumption about early human beings which is least accurate of all is the myth that they were violent 'savages' who constantly foamed at the mouth with aggression and went around bashing each other over the head with sticks. The truth of the matter could hardly be more different." – *The Fall*.

After the Neolithic Revolution around ten thousand years ago, human civilization began a giant leap forward. Around six thousand years ago, the global climate rapidly changed the area of central Asia into a desert. During this time, the Hwanguk civilization was divided into the east and the west like the two wings of a butterfly. Hwanguk was divided into the Baedal and Sumerian civilizations.

During this time, another natural catastrophe occurred in human history: the nine-year flood that occurred in Northeast Asia four thousand years ago. At the end of that period, China's first ancient dynasty, the Xia Dynasty, was established.

Now, let us explore the beginning of human civilization, based upon this background information.

Relics and Artifacts from the Ancient World of 10,000 to 50,000 Years Ago

Hwanguk was the first civilization in the world, established about ten thousand years ago. But does this mean that the people who lived more than ten thousand years ago were completely uncivilized? Many of the scholars who have studied human civilizations have had an incorrect historical perception that the people of the Paleolithic age were savages. This is a prejudice prevalent in society. But if you look at historical artifacts from ten thousand to fifty thousand years ago, they are actually quite similar to modern works of art. Their craftsmanship and drawing techniques are not inferior to present ones. Let's take a brief look at some examples.

그러나 현장답사와 유적 발굴에서 드러나는 당시의 놀라운 문화 수준은 그 환상을 깨줍니다. 5만 년 전에서 1만 년 전까지 지구촌에서 나온, 역사 유적지와 박물관에서 본 것을 잠깐 정리해 보기로 하겠습니다. 자, 한번 쭉 볼까요?

4만 년 전후에 나온 유물을 보면, 그 모습이 지금 것과 거의 같습니다. 조각, 그림 등을 보면 지금 것과 비교할 때 전혀 뒤지지 않습니다.

또 인류사 최초로 수정과 백옥으로 만든 긁개가 나오는데, 그 시기가 4만 7천 년 전까지 거슬러 올라갑니다. 저 세공 기술을 직접 한번 느껴봐야 합니다.

또 프랑스 쇼베 동굴에서 3만 2천 년 전의 벽화가 나왔는데 지금의 대가들이 그린 그림과 거의 같습니다.

수정과 백옥으로 만든 긁개(7만 7천 년~4만 7천 년 전) (프랑스 국립 고고학박물관)
Scraping tools made of crystal and white jade (from 47,000 to 77,000 years ago, French National Museum of Antiquities collection).

Among the archaeological finds, there are scraping tools of crystal and white jade made about forty-seven thousand years ago. If you examine them closely, you will find that they exhibit a high degree of artistic sophistication.

The paintings from thirty-two thousand years ago drawn in the Chauvet Cave in France are almost the same as those of the great painters of today.

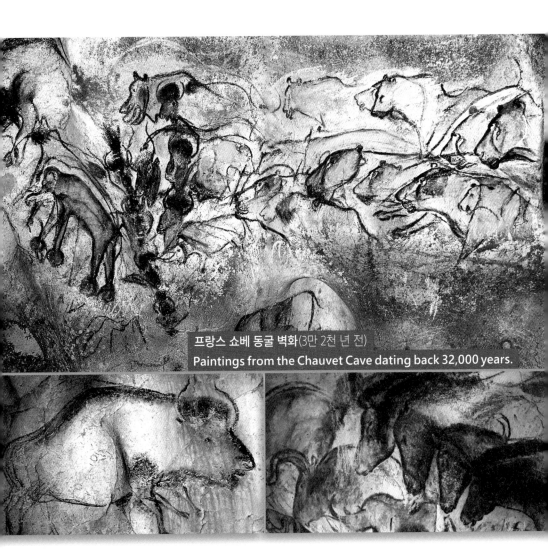

프랑스 쇼베 동굴 벽화(3만 2천 년 전)
Paintings from the Chauvet Cave dating back 32,000 years.

또 시베리아에서는 3만 5천 년 전~1만 년 전의 어린이 장난감이 나왔습니다.

서양에서는 3만 년 전후 임산부의 풍성한 엉덩이와 젖가슴이 나온 여신상이 출토되었는데, 서양의 여신상들이 대부분 이런 모습입니다.

그 뒤 러시아에서 나온 것 중에는 기도하는 모습의 인형도 있습니다.

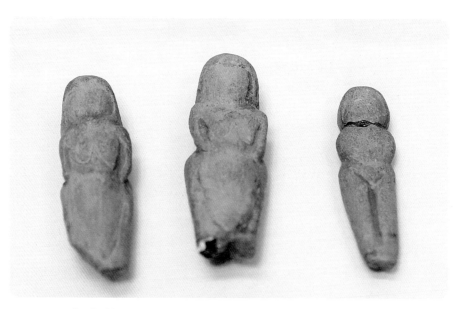

| **3만 7천~1만 년 전 어린이 장난감** | 러시아 이르쿠츠크 역사박물관
Children's toys dating from between 10,000 to 37,000 years ago
(Regional Studies Museum, Irkutsk, Russia).

In Russia, children's toys were excavated from ten thousand to thirty-seven thousand years ago.

In Austria was excavated a figurine of a pregnant woman with big hips and breasts from approximately thirty thousand years ago. Most of the carvings of goddesses in the West had such a body shape.

A figurine excavated in Russia depicts a person praying.

| 2만 5천 년 전 구석기 후기의 비너스 상 |
오스트리아 빌렌도르프 발굴

The Venus of Willendorf dates back
approximately 25,000 years.

| 맘모스 상아로 만든 기도하는 모습의
러시아 인형 | 러시아 이르쿠츠크 역사박물관

An ivory figurine of a person praying
(Regional Studies Museum, Irkutsk, Russia).

지금 이 사진(아래)은 2만 7, 8천 년 전의 유물인데, 모스크바 인근의 도시, 블라디미르의 숭기르 유적지에서 나온 관입니다. 아마 남매인 듯한데, 관 속에서 소년, 소녀가 머리를 맞대고 있습니다. 그리고 작은 맘모스 상아 구슬 1만여 개가 저 남매의 몸을 둘러싸고 있습니다. 저렇게 많은 구슬을 가공하려면 무려 6천 시간 이상의 정성을 들여야 만들 수 있을 정도의 양입니다. 그러니까 이미 <u>약 3만 년 전에 분업화된 사회조직 시스템이 있었다</u>는 것입니다.

| 블라디미르 숭기르 유적지의 남매 무덤 복원도 |
2만 8천~ 2만 7천 년 전
*맘모스 상아 구슬 1만 여 개로 둘러싸여 묻혔다.

구슬 가공에 6천 시간 이상 소요된 것으로 추정
→ 3만 년 전에 이미 분업화된 사회 조직 시스템
이 있었음을 보여준다.

The picture below shows the interior of the tomb from around twenty-seven thousand to twenty-eight thousand years ago discovered at the Sungir site in Russia. Probably young siblings, the tomb's two bodies lay with their heads toward each other.

Around the skeletons were buried five thousand to six thousand small beads of mammoth ivory. It is estimated that at least six thousand hours were required to craft these beads. This proves that a social system that included the division of labor had already existed thirty thousand years ago.

A restoration of the interior of the tomb of young siblings, unearthed at Sungir. Approximately 27,000 to 28,000 years old.

It is estimated that at least six thousand hours were required to craft these beads. This proves that a social system that included the division of labor had already existed thirty thousand years ago.

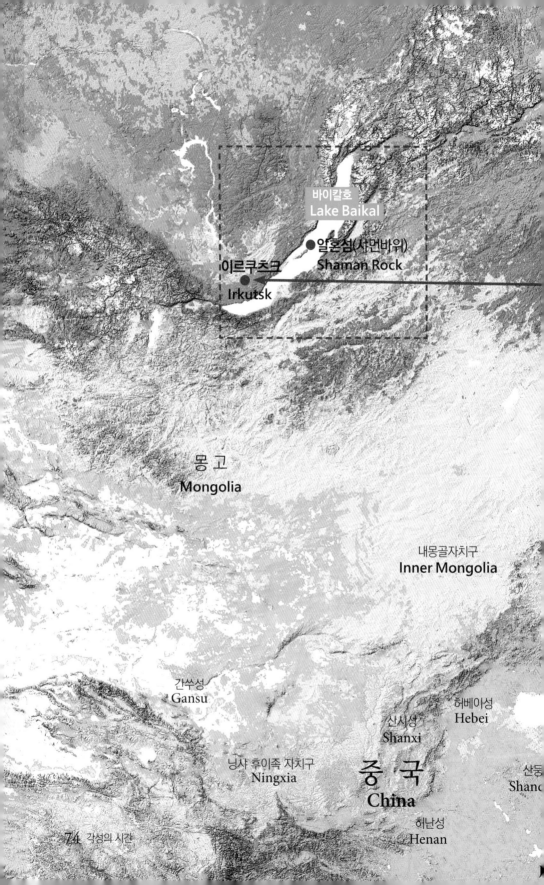

바이칼호
Lake Baikal

알혼섬(샤먼바위)
Shaman Rock

이르쿠츠크
Irkutsk

몽고
Mongolia

내몽골자치구
Inner Mongolia

간쑤성
Gansu

허베이성
Hebei

산시성
Shanxi

닝샤 후이족 자치구
Ningxia

산둥
Shand

중국
China

허난성
Henan

이르쿠츠크 역사박물관(러시아) Regional Studies Museum in Irkutsk, Russia.

헤이룽장성
Heilongjiang

지린
Jilin

백두산
▲Mt. Baekdu

라오닝성
Liaoning

북한
North Korea

대한민국
South Korea

일본
Japan

그리고 시베리아의 파리라 불리는 바이칼호 왼쪽에 있는 도시, 이르쿠츠크의 역사박물관 1층에 특이한 유물이 하나 진열되어 있습니다. 맘모스 뼈에 중앙의 점을 중심으로, 나선형으로 점을 잔뜩 새겨놓았는데요, 제가 고고학 전문가에게 "이게 무엇으로 해석됩니까?" 하고 물었더니 "캘린더가 아니겠어요?"라고 했습니다.

그런데 이 유물의 뒷모습이 러시아의 상트페테르부르크 에르미타주 미술관에 있습니다. 이것은 뱀이 꿈틀거리는 것처럼 마치 물결치는 것과 같은 문양을 새겨놓았습니다. 몽골에 가보면 이와 똑같은 양식으로 만들어진 제례복과 신상이 있는데요. 어쨌든 이 유물이 일종의 당대 캘린더일 수 있다고 하니 참으로 신비스럽습니다.

이르쿠츠크 역사박물관 1층 진열장
Regional Studies Museum in Irkutsk, Russia.

Irkutsk is a Russian city well known as 'the Paris of Siberia.' It is located to the left of Lake Baikal. When you enter the Regional Studies Irkutsk Museum, you encounter a relic of mammoth ivory in a display cabinet on the ground floor. It has a point in the center, surrounded by many small dots in spiral form. An archaeologist explained to me that this artifact might be an old calendar.

The rear facing of this object is, however, not kept at that museum, but in the State Hermitage Museum in Saint Petersburg. It has a wavy pattern, like snakes or ocean waves. The Manchu people made their shaman robes and deity statues in the same style.

뒷면
Rear

앞면
Front

| 맘모스뼈에 점으로 새긴 달력 | 약 2만 7천 년 전

Calendar made of mammoth ivory. Circa 27,000 years ago.

에르미타주 미술관
(상트페테르부르크)

Hermitage Museum,
Saint Petersburg.

이르쿠츠크 역사박물관

Regional Studies Museum
in Irkutsk, Russia.

| 만주족 샤먼의 제례복과 신상 |
중국 길림성박물관

A shaman's dress (left)
and a deity statue (right)
of the Manchu people
(Jilin Museum).

자, 2만 년 전 이후로 가볼까요?

이 사진은 프랑스 남부의 라스코 동굴벽화입니다. 얼마나 잘 그렸습니까! 이 색감과 질감을 보세요. 역동적이고 강렬한 색채의 바로크 양식과 동적인 근대미술의 사조도 엿볼 수 있습니다.

약 1만 9천 년 전에서 1만 4천 년 전에 매머드 상아로 만든 말 조각품, 프랑스 레이몬덴 석굴에서 나온 1만 7천 년 전 동물 뼈에 그린 인물 그림, 그리고 낚시 바늘이 얼마나 정교합니까? 지금 컴퓨터로 만들어도 더 잘 만들 수 있겠습니까?

| 프랑스 남부 라스코 동굴벽화 | 1만 7천~ 1만 5천 년 전
Cave paintings from the Lascaux Cave in France (circa 15,000 to 17,000 years ago).

Let us look at the wall paintings in the Lascaux Cave from approximately twenty-thousand years ago. How beautiful they are—how lively their colors and representations! The cave paintings exhibit the exuberant detail and grandeur of baroque-style paintings, and the dynamic and trendy styles and techniques of modern art.

Europeans made sculptures from mammoth ivory about fifteen thousand years ago. They also engraved figures on animal bones. In the Raymonden stone cave were unearthed a number of animal bones engraved with human figures, dating back seventeen thousand years.

Look at those fishing hooks—how exquisite they are! Could we craft better even with our modern technology?

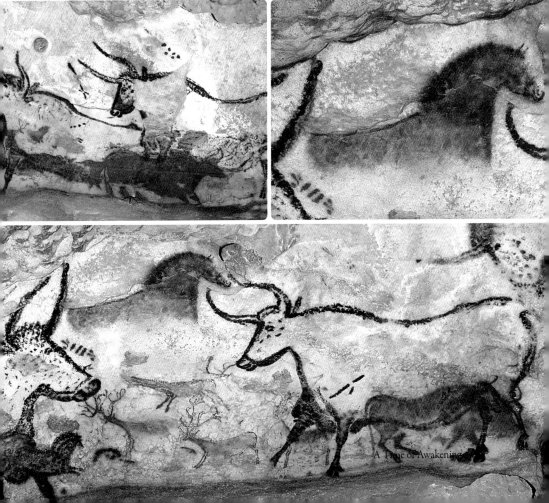

A Time of Awakening

일본 오키나와 해저에서는 1만 년 전의 피라미드가 발굴되었습니다. 영국의 유명한 고대문명연구가 그레이엄 핸콕이 잠수복을 입고 여기를 백 번 이상 들어갔다가 나왔다고 합니다. 이 거대한 **피라미드 궁전 위에 바로 광명문화를 상징하는 태양석**이 있습니다. 남미 안데스산맥에 있는 신단에도 이것과 똑같은 게 있습니다.

이렇듯 지구촌을 다니다 보면 **문화의 보편성**을 만나게 됩니다. **우주광명의 태양을 신앙하고 그리워하고 사모하며, 그 광명과 하나 되려고 했던 멋진 문화 정신**을 만날 수가 있습니다.

| 광명문화를 상징하는 태양석 |

A monument known as 'the Solar Stone' near Japan's Okinawa Islands.
It demonstrates the ancient people's veneration of light.

Off the coast of Okinawa in Japan, an underwater pyramid from ten thousand years ago was discovered on the seabed. The British writer and journalist Graham Hancock is said to have dived into the sea more than a hundred times to examine this underwater pyramid.

On the top of the great pyramid near Okinawa rests a megalithic monument that scholars call 'the Solar Stone.' This reflects the ancient citizens' admiration for light. Also, in South America we find similar solar stones associated with the astronomic calendar of the Inca.

When we visit historical sites of the ancient civilizations, we encounter the universality of ancient cultures. This universality of the global civilizations involves veneration of the sun—the cosmic radiance. We can thus encounter the ancients' culture, wherein they worshiped light and sought to attain oneness with its radiance.

| 인티와타나 | (페루 마추픽추) 잉카의 사제들이 동짓날 태양신에게 제사를 드리던 곳
The Intihuatana ("The Hitching Post of the Sun") stone
in the Sacred Valley near Machu Picchu, Peru.

| 낚시바늘 | 쿠르베 동굴, 1만 5천 년 전

Fishing hooks
(circa 15,000 years ago, Courbet Cave, France).

| 맘모스 상아로 만든 말 조각품 |
1만 9천~1만 4천 년 전

Horse sculpture carved
from mammoth ivory
(circa 14,000 to 19,000 years ago).

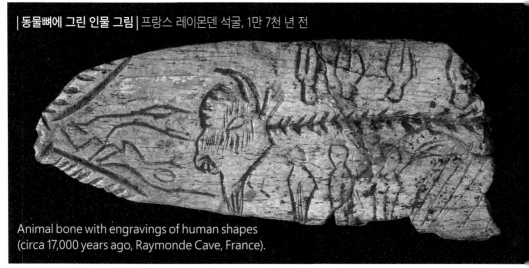

| 동물뼈에 그린 인물 그림 | 프랑스 레이몬덴 석굴, 1만 7천 년 전

Animal bone with engravings of human shapes
(circa 17,000 years ago, Raymonde Cave, France).

| 사슴뼈에 새긴 그림 | 1만 2천 년 전
Deer bone carving. 12,000 years ago.

| 일본 오키나와 해저 피라미드 | 1만 년 전
Underwater pyramid near Japan's Okinawa Islands (circa 10,000 years ago).

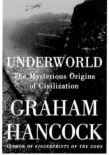

| 그레이엄 핸콕과 그의 저서『해저궁전』|
Graham Hancock and his book
Underworld: The Mysterious Origins of Civilization.

환국문명의 출발점

환국은 전기 환국과 후기 환국이 있습니다. **전기 환국**(5만 년 전~1만 년 전)은 5만 년 전 인류 최초의 부모인 **나반**那般과 **아만**阿曼으로부터 시작됐습니다. 그리고 인류 최초의 문명국가, 후기 환국(BCE 7197~BCE 3897) 시대가 약 9천 2백여 년 전부터 3천 3백 1년 동안 지속됐으며 일곱 분의 환인이 다스렸습니다.

한 분이 수백 년을 다스린 것입니다. 이것은 **무병장수 문화**를 인식하지 못하면 알 수가 없습니다. 동양의학의 첫째 경전인 『황제내경』을 보면 황제가 "고대 사람들은 백 살이 넘어도 늙지 않고 오래 살았는가?" 라고 신하 기백과 대화하는 내용이 나옵니다. 기백의 말을 보면, "옛날 사람들은 **절도 있는 생활을 하였으며 자연에 순응했습니다.** 그런데 지금 사람들은 몸에 있는 정기를 막 쏟아버리고 술을 아무 때나 마시며 살다가 반백 년도 못 돼 다 늙어버리고 쇠락합니다."라고 합니다.

다시 말해 '인류 역사는 진인시대에서 성인시대를 거쳐 타락의 시대를 거쳐 왔다. **우주 자연 광명과 하나가 돼서 살던 지극한 인간, 진인**眞人**의 시대가 있었다.**'는 것입니다. 진정한 진리의 인간 시대. 우주광명을 체험하며 신과 하나가 되어 살고, 그리하여 무병장수를 누리며 살던, 어떤 인간의 무덤에도 무기가 나오지 않는 전쟁이 없던 시대, 이때를 문화인류학에서는 **황금시절**이라고 합니다.

Hwanguk: The Golden Age of Humankind

The Hwanguk era can be divided into two phases. The advanced cultures that existed tens of thousands of years ago, which we've talked about so far, are related to the earlier phase of Hwanguk. Hwanguk entered the later phase 9,211 years ago, and it lasted for approximately three thousand years.

Hwandan Gogi confirms that seven Hwanins ruled during this later phase of Hwanguk. Each Hwanin thus reigned for several hundred years. One may have difficulty understanding this unless they grasp the full scope of the primordial era of longevity.

The following conversation is recorded, for example, in *Huangdi Neijing* ("*The Yellow Emperor's Classic of Medicine*"), the premier classical work of Eastern medicine. The Emperor Huangdi asked one of his subjects, Qi Bo, "How could the people of the old times live for over a hundred years without aging?" Qi Bo replied that the people of the ancient times had discipline, living in accordance with "the natural rhythm and order of the universe."

Qi Bo continued, "These days, people have changed their way of life. They drink wine as though it were water, indulge excessively in destructive activities, drain their *jing* (the body's essence that is stored in the kidneys) and deplete their *qi* (energy).... So it is not surprising that they look old at fifty and die soon after."

The history of humankind has evolved from the age of divine people to the age of saints, and has continued onward toward a downfall. In time immemorial, there was an era of divine people when everyone experienced constant connection with the divine, the radiant. It was a time without wars wherein people peacefully lived long lives free of disease. This is shown by the graves from that time, where no weapons were ever discovered. This era is referred to as the golden age of humankind.

환국의 위치

그러면 환국(후기환국)은 어디에 있었는가?

『환단고기』에는 환국이 천산 동쪽에 남북 5만 리, 동서 2만 리에 걸쳐 있었다고 하였습니다. 인류 최초의 아버지, 어머니인 나반과 아만이 인간으로 생겨나 건넜다고 하는 하늘 호수 주변에 12환국 중 8, 9개국이 있었습니다. 그래서 이 천산을 지금 지구의 지붕이라 하는 파미르 고원 동쪽으로도 얘기하고, 천하 바이칼호수의 오른쪽에 있는 부르칸 칼둔 산, 신성한 버드나무를 뜻한다는 그곳을 천산으로 비정하기도 합니다.

수밀이국 사납아국 양운국 매구여국 선비국 구다천국

구막한국

일군국

바이칼호

구모액국

비리국

인도 히말라야산맥 천산 우루국

객현한국

9,200년 전 인류의 문화조국

12환국 남북 2만리, 동서 5만리 강역,

The Geographic Location of Hwanguk

Where, then, was Hwanguk?

According to *Hwandan Gogi*, Hwanguk lay east of Heavenly Mountain and its territory extended 19,636 kilometers (12,201 miles) from north to south and 7,855 kilometers (4,880 miles) from east to west. The original ancestors of humankind, Father Naban and Mother Aman, are said to have crossed the Heavenly Sea to meet each other.

부르칸칼둔산("신성한 버드나무")
Burkhan Kahldun Mountain.

The location of the Heavenly Mountain is thought to be the Tian Shan mountains ('Tian Shan' literally means "Heavenly Mountain"), east of the Pamir Plateau. But some take Burkhan Kahldun, located to the east of Lake Baikal, as the Heavenly Mountain.

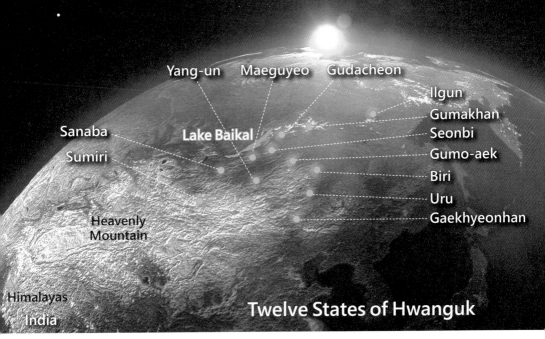

Yang-un   Maeguyeo   Gudacheon

Ilgun
Gumakhan
Sanaba   Lake Baikal   Seonbi
Sumiri   Gumo-aek
Biri
Uru
Heavenly   Gaekhyeonhan
Mountain

Himalayas
India   **Twelve States of Hwanguk**

그런데 바이칼호의 가장 깊은 곳을 지나가다 보면 바이칼호는 호수가 아니라 누가 봐도 바다라는 생각이 듭니다. 파도 소리를 들어보면 바다보다 더합니다. 그리고 그 가운데를 배 타고 지나가 보면, 물이 마치 지구 어머니의 혈액 같습니다. 너무도 숭고하고 신성한 기운을 온몸으로 느끼지 않을 수가 없습니다. 그렇게 한참 지나다 보니, 물결이 1만 년 전 토기들의 문양처럼 생겼습니다. 그래서 '야, 저 문양을 따서 토기를 새겼나 보다!' 하는 생각도 해봤습니다.

| 바이칼호 | 답사 영상 중에서
Lake Baikal.

Lake Baikal is like an ocean. If you listen to the sound of the waves when crossing a deep part of the lake by boat, you feel as if you are floating at sea. If you reach the middle of the deep lake, you feel as if the water is the blood of Mother Earth, and you become overwhelmed by sublimity and holiness. I felt that the waves of the lake seemed similar to the wave pattern of pottery from ten thousand years ago.

후기 환국시대의 유물들

1만 년 전 신석기 문명이 나오면서 인류 문명이 도약을 했는데, 그 표지 유물이 바로 우리가 너무도 잘 알고 있는 빗살무늬 토기입니다. 이걸 역사학자들이 머리 빗는 빗이라 하는데 그것은 옛 사람들의 삶의 진실을 너무도 모르고 하는 소리입니다. 빗살무늬가 아니라 <u>햇살무늬</u>입니다.

제가 이집트 박물관을 가보니까 빗살무늬 끝에 쌀 알갱이처럼 동그랗게 점이 찍혀 있습니다. "바로 저거다!" 했습니다. 생명의 근원이 태양이기 때문에 그 태양빛을 쏘이며 태어나고 자라난 만물의 모습을 그린 것입니다. 저걸 소나기 모습이라고도 하고, 여러 가지로 말하는데 해석은 자유입니다. <u>빗살무늬는 햇살무늬입니다!</u> 저 햇살무늬는 <u>인류 보편의 최초의 디자인입니다</u>. <u>우주광명, 환국의 문화를 생활화한 것입니다.</u>

아침에 태양이 뜨면 동산에 올라 해님에게 절하며 기도하고, 저녁이면 서천에 가서 떠오르는 보름달을 향해 '내가 당신과 하나가 되어 살리라' 라고 맹세한 삶의 모습이 『환단고기』에 나와 있습니다.

조 즉 제 등 동 산　　배 일 시 생
朝則齊登東山하야 **拜日始生**하고

사람들은 아침이 되면 모두 함께 동산東山에 올라
갓 떠오르는 해를 향해 절하고

석 즉 제 추 서 천　　배 월 시 생
夕則齊趨西川하야 **拜月始生**하니라

저녁에는 모두 함께 서천西川으로 달려가
갓 떠오르는 달을 향해 절하였다.

(『태백일사』「환국본기」)

Truth Behind the Comb-Pattern Pottery of the Korean Neolithic

About ten thousand years ago, the Neolithic Revolution occurred and the civilization of humankind made a great leap forward. People of this time used pottery known today as 'comb-pattern pottery,' which are considered to be the most representative artifacts of the Korean Neolithic. Such pottery was so named by historians who believed the pattern resembled hair combs. However, this is definitely an incorrect characterization if we assume that the designs actually express the worldview of the Neolithic people who admired sunlight.

Vessels with similar patterns are found also in Egyptian museums. The patterns are similar, except in the Egyptian ones each tooth is decorated with a dot at the end, reminiscent of rice grains. The dots illustrate the appearance of everything that arises and thrives in sunlight, the source of all life.

Some scholars interpret these patterns as a symbol of rain, and the symbol can be freely interpreted in various ways. But it seems quite clear to me that the motif of this pattern is sunbeams.

I mean that this pattern of sunbeams is one of the first universal designs of humankind. It represents the people's way of life in the Hwanguk era, the time when people aspired to pursue a life of radiance. According to *Hwandan Gogi*, the people of Hwanguk climbed a hill in the east in the morning to bow to the rising sun and pray; and in the evening, they went to a stream in the west, bowed to the rising full moon, and announced, "I live to be one with you."

빗살무늬 = 햇살무늬

1만 년 전 시작된 신석기 시대의 대표 유물
*빗살무늬 토기

An example of sunbeam-pattern earthenware,
representative of the Neolithic period of 10,000 years ago.

홍산문화로 보는 환국 시대의 삶의 자취

19세기 덴마크의 고고학자 톰젠이 인류 역사 시대를 고고학적 관점에서 구석기, 신석기, 청동기, 이런 식으로 나눠 놓았는데, 그런 관점에는 인간 정신문화의 핵심이 없습니다!

그런데 동북아에서 1만 년 전 유적지, 소위 홍산문화 지역을 파 보니까 옥이 쏟아져 나오는 것입니다. 옥이 8천 년 이전 것부터 쏟아져 나왔습니다. 엄청나게 많은 옥 문화 유물이 쏟아져 나오니까 중국 학자들이 '구석기, 신석기 다음에 옥기시대玉器時代가 있다. 새로운 시대를 추가해야 한다'고 합니다.

| C.J.톰젠 | 덴마크 고고학자
Christian J. Thomsen
(1788-1865).

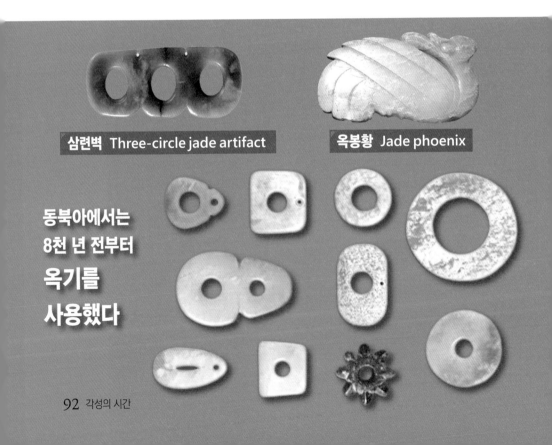

삼련벽 Three-circle jade artifact   **옥봉황** Jade phoenix

동북아에서는 8천 년 전부터 옥기를 사용했다

The Cultures of Hwanguk Flourished in the Region Near the Liao River

In the nineteenth century, the Danish archaeologist Christian J. Thomsen divided the ancient history of humanity into three periods: Paleolithic, Neolithic, and Bronze Age. However, this three-divisional system omits the elements of spiritual culture.

In Northeast Asia, near the Liao River, ancient cultures which date back ten thousand years were discovered. They are believed to belong to the later phase of Hwanguk. Many jade artifacts which date back more than eight thousand years were excavated in this area. Since so many jade finds have been excavated, Chinese archaeologists have been claiming there should be a 'Jade Age' after the Paleolithic and Neolithic eras. In such a timeline, the Neolithic period would be followed by the Jade Age.

Jade artifacts have been crafted in Northeast Asia since 8,000 years ago.

옥도끼, 옥끌
Jade axe heads and a scraper

옥단추 Jade buttons

홍산문화 권역
Hongshan Culture
at Its Greatest Extent

Liao River

요
하

Chifeng
적봉

오한기
Aohan qi

조양
Chaoyang

난
하

대
릉
하

Luan River

Daling River

소하서小河西 문화
(9천 년~8천 5백 년 전)
동북아 최고最古의 신석기 문화
Xiaohexi Culture
(7,000 BCE to 6,500 BCE)

The Xiaohexi culture, which existed in the later phase of Hwanguk, is known as the earliest Neolithic culture in Northeast Asia.

우리나라 初期 新石器遺蹟

| 제주 고산리 1만 2천 년 전 신석기유적지와 토기 |

A 12,000-year-old Neolithic settlement in Gosan-ri, Jeju Island (above), and an earthenware piece excavated from this site (right).

소하서小河西 문화를 보면 9천 년 전에서 8천 5백년 전에 동북아 최고最古의 신석기 문화가 나온다고 합니다.

너무 시대를 올려 잡은 것이 아닌가 하는 분도 있겠지만 실제 제주도에서는 1만 2천 년 전 유적도 나오고 있다는 것을 말씀드리고 싶습니다.

In the Xiaohexi site in the Liao River basin were excavated the remains of Northeast Asia's so-called earliest Neolithic culture, estimated to be around 8,500 to 9,000 years old. Notably, a Neolithic settlement even older than this—dating back twelve thousand years—is being excavated on Jeju Island, Korea.

**중국학자들은 수만 점의 옥 유물 발굴로
옥기 시대의 설정을 적극적으로 주장하고 있다.**

Archaeologists claim there should be a 'Jade Age'
after the Paleolithic and Neolithic eras.

홍산문화 권역
Hongshan Culture
at Its Greatest Extent

Liao River

요하

후기 환국시대
흥륭와興隆洼 문화
(8천 2백 년~7천 2백 년 전)

In the Later Phase of Hwanguk
Xinglongwa Culture
(6200–5400 BCE)

Chifeng
적봉

오한기
Aohan qi

조양
Chaoyang

난하

대릉하

Luan River

Daling River

그 다음 흥륭와興隆窪 문화를 보면, 8천 년 전 전후의 세계 최고의 옥결(玉玦, 옥 귀고리)이 나왔습니다. 보면 컴퓨터로 새긴 것과 거의 똑같습니다. 박물관 현장에 가서 봐도 그렇습니다.

또 이때 원시 온돌이 발굴돼 나왔습니다. 그런데 10억 이상의 중국 한족은 온돌을 사용하지 않고 침대 생활을 합니다.

그런데 흉노족이 살던 시베리아에 가보니까 그곳 민속박물관을 야외에 만들어 놨는데, 거기에 온돌이 있습니다. 흉노족도 온돌을 놓고 살았습니다.

Next, we see artifacts from the Xinglongwa culture from approximately eight thousand years ago. At that site, the earliest earrings made of jade were excavated. They were as finely crafted as modern products.

A primitive form of an under-floor heating system (*ondol*), was also excavated. But this is a type of heating system not reflective of Chinese culture. The Xiongnu also used this same *ondol* floor heating system.

| 흉노족의 온돌 유적 | BCE 100 ~ CE 100, 몽골 울란우데 민속박물관
Xiongnu houses (from 100 BCE to 100 CE) had under-floor heating.
(The Ulan-Ude Ethnographic Museum, Mongolia.)

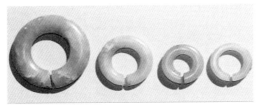

| 세계 최고最古의 옥결 발굴 |
The world's oldest jade rings have been found at sites associated with the Xinglongwa culture.

| 흥륭와 문화의 집단 거주지 | 아궁이에 불을 때고 온돌을 사용했다.
Remains of a habitation of the Xinglongwa culture. They used a hearth and under-floor heating system (*ondol*).

홍산문화 권역
Hongshan Culture at
Its Greatest Extent

Liao River
요 하

후기 환국시대
사해査海 문화
(7천 6백 년 전 ~)

In the Later Phase of Hwanguk

Chahai Culture
(6200–5400 BCE)

Chifeng
적봉
오한기
Aohan qi
조양
Chaoyang

대릉하

난 하

Luan River

Daling River

| 돌로 쌓은 용 형상의 석소룡石塑龍 | 중화제일룡, 1994년 발굴
The so-called 'first dragon of China' was discovered in 1994 at a site associated with
the Chahai culture.

사라 넬슨 교수가 감수한 중국 역사 번역서에는 흥륭와 문화 당시 강철보다 더 강하고 단단하고 날카로운 흑요석黑曜石, 검을 흑 자에 빛날 요 자, 흑요석으로 옥기를 제작했고, 누에를 쳐서 옷을 해 입고 배를 만들어 어업 활동을 했다고 추정해볼 수 있다 합니다.

그 다음 사해査海문화에서는 7천 6백 년 전 돌로 쌓은 석소룡石塑龍, 중화 제일룡이라고 하는 유적지가 나옵니다. 이것은 20여 년 전에 발굴된 것입니다.

In Neolithic Asia, obsidian was widely used. Obsidian is a hard, dark, glasslike volcanic rock. Harder than steel, it is obtainable mostly from Baekdu Mountain on the current China–North Korea border. In addition, people raised silkworms to make clothes. They probably also built ships for fishing. The lifestyles of the people who lived in ancient East Asia are illustrated in the book *The Archeology of Northeast China*, edited by the American archaeologist Sarah Milledge Nelson.

At the Chahai site was excavated a stone-mound dragon, the so-called 'first dragon of China,' created approximately 7,600 years ago. It was discovered about twenty years ago.

|중국 동북지방의 고고학 | 미국 고고학자 사라 넬슨 편저
The Archeology of Northeast China
edited by Sarah Milledge Nelson.

홍산문화 권역
Hongshan Culture
at Its Greatest Extent

Liao River
요하

Chifeng
적봉
오한기
Aohan qi
조양
Chaoyang
난하
대릉하

Luan River
Daling River

후기 환국시대

조보구趙寶溝 문화
(7천 년 ~ 6천 4백 년 전)

In the Later Phase of Hwanguk

Zhaobaogou Culture
(5400–4500 BCE)

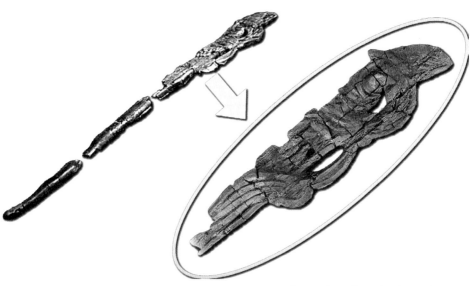

| 7천 2백 년 전 신락新樂 유적에서 발굴된 목조 봉황 |
중국 요녕성 심양시 신락유지박물관 소장

A wooden phoenix-shaped
artifact from the Xinle culture
dating back 7,200 years
(excavated in 1978, housed in the
Xinle Museum in Shenyang, China).

그리고 조보구趙寶溝 문화를 보면 세계 최고의 봉황 형상을 한 토기가 있습니다. 비슷한 것이 몽골 박물관에도 두 점이 있는데, 서양에서는 피닉스, 또는 그리핀이라고 합니다.

중국 동북아의 공업 도시 심양을 가보면 봉황각이라는 호텔이 있습니다. 그 심양 지역에서 7천 년 전의 봉황새 조각이 나왔습니다.

A phoenix-shaped earthenware item was excavated from another Neolithic site in the Liao River basin, the Zhaobaogou. It is considered to be the oldest pottery in the phoenix form. Two pieces of this kind are also exhibited in the Museum of Mongolia. They look similar to griffin statuettes often found in museums of Europe.

Many phoenix statuettes have been found in archaeological sites across the Liao River basin. When I visited Shenyang, an industrial city in northeast China, I found it interesting to encounter a building named 'Hotel Phoenix.' They say it was so named because a wooden phoenix artifact seven thousand years old was excavated in the city.

| 최초의 봉鳳 형상 토기 |
중화제일봉, 1994년 발굴
The oldest phoenix-shaped earthenware, the so-called 'first phoenix of China,' was discovered at a site associated with the Zhaobaogou culture.

유럽에 꽃핀 환국 문명

그러면 환국 문명은 유럽에도 나타났을 까요?

헝가리에서 7천 5백 년~7천 3백 년 전의 곰 토템 형상이 발굴된 적이 있습니다.

또 프랑스에서는 '<u>7천 년 전에 농경법을</u> <u>가지고 동쪽에서 사람들이 들어와서 살았</u> <u>다.</u> 9천 년 전에서 7천 년 전 사이에는 큰 문화적인 도약이 없다가 <u>갑자기 이 사람들</u> <u>이 들어와 조상신을 섬기기 시작했다.</u> 가 정 신단을 만들고 조상에게 제사를 지내기

| 7천 5백여 년 전의 곰 토템 토기 |
헝가리 국립박물관
Ritual bear-shaped cup dating back 7,500 years (Ethnographic Museum of Budapest).

시작했다.'고 합니다. 그러니까 7천 년 전에 농경법과 7천 년 전에서 6천 년 전 사이에 거대한 고인돌 문화가 들어온 것입니다.

프랑스에는 고인돌이
2만 개가 있다
There are 20,000
dolmens in France.

Hwanguk's Influence on Europe

Hwanguk had a great influence on ancient Europe.

An excavation in Hungary discovered a beaker in the form of a bear dating from approximately 7,300 to 7,500 years ago. The peoples in this area probably shared a common shamanistic heritage with ancient Korea's bear totem society.

In France, it is believed that people immigrated from the east seven thousand years ago. They brought with them agricultural techniques. Before these events, there were no significant advancements in that civilization between seven thousand to nine thousand years ago. Interestingly, with the immigration of these people, the practice of ancestor veneration appeared in this area. People began to make home altars and perform ancestral memorial rites.

It seems megalith culture was introduced into France between six thousand to seven thousand years ago.

Approximately 45,000 dolmens are found in the Korean Peninsula.

전국에 약 4만 5천 개 고인돌 분포

"빗살무늬토기를 쓴 농부들은 중앙 유럽에 새로운 신앙 체계를 가져왔다.
… 특이한 형태의 도자기들이 작은 가정 신단으로 사용된 것 같다. 진흙으
로 만든 조각상은 … 조상 숭배의 우상으로 보여진다.

_독일 노이에스Neues 박물관의 전시장 글에서

프랑스 까르냑 같은 데를 가 보면 아주 장대하게 고인돌이 펼쳐져 있는
데요. 지구촌에는 도합 5, 6만 개의 고인돌이 있다고 하는데, 프랑스에 자
그마치 2만 개, 한국에도 약 4만5천 기(남한에만 3만여기)가 있다고 하는데,
이 고인돌 문화가 지구촌 동서에 널리 전파되었던 것입니다.

"The farmers of the Linear Pottery Culture brought new belief systems to Central Europe. … Extraordinarily made and decorated pottery vessels were probably used as small domestic altars. … the clay figurines … as they are now seen as idols for ancestor worship."
– Excerpt from the display boards at the Neueus Museum in Berlin.

If you drive to Carnac in France, you will see widespread megaliths. The number of megalithic structures known as dolmens reaches about twenty thousand in France, while Korea has about forty-five thousand dolmens. It seems dolmens were constructed all over the world.

| 까르냑 열석列石 | 프랑스 브르타뉴
3천여 개의 열석이 4km에 걸쳐 늘어서 있다.

Menhir alignments in Carnac, France. There are more than 3,000 standing stones spanning over 4 kilometers (2.5 miles).

전체적으로 보면 프랑스 고인돌은 우리나라 강화도에 있는 고인돌과 같은 구조입니다. 탁자식으로 해서 하늘 덮개 하나가 있고 양쪽에 기둥을 세운 것입니다. 이게 『천부경』 문화

| 강화도 부근리 고인돌 | A dolmen in Korea.

입니다. 천일일 이일이 인일삼(天一一 地一二 人一三). '하늘과 땅과 인간은 원래 하나다. 인간은 천지 부모, 하늘과 땅과 하나가 되어 살 때 영원한 존재가 된다.'는 것입니다. 고인돌은 부모 형제를 묻는 무덤이었습니다. 삶의 소중한 가치가, 문화의 원형 정신이 망자의 안식처인 고인돌에 깃들어 있는 것입니다.

천부경은 환국의 삼수三數문화
환국시대부터 내려온 삼수문화의 정신이 그대로 깃든 고인돌

天一
地二
人三

하늘과 땅과 인간은 하나다!

A dolmen in France. | 프랑스 마흐티뉴 고인돌 |

Many of the dolmens in France have the same structure as the dolmens found on Ganghwa Is-land, Korea. This structure consists of two stone pillars topped by a stone lintel, the total number of stones being three.

The structure of these dolmens reminds us of a passage in *Cheonbu Gyeong*, the oldest known scripture of the Korean people, composed during the Hwanguk era: "Arising from One, Heaven is one. Arising from One, Earth is two. Arising from One, Humanity is three." Heaven, earth, and humanity are all One in nature. Therefore, when you connect with heaven and earth—the parents of all beings—you experience eternity. The shape of the dolmen tombs clearly reflects this philosophy of the Hwanguk people.

A structure typical of the dolmens around the world embodies the message of the *Cheonbu Gyeong* scripture from the Hwanguk era. *Cheonbu Gyeong* is a numerical representation of the laws of the cosmos.

Heaven is One.

Earth is Two.

Heaven, earth, and humanity— all arise from One.

Humanity is Three.

The stone lintel represents heaven; the two pillars represent earth. When people died, they were buried under these three stones.

하늘광명, 우주광명을 체험하면서 살던 환국 시대! **나라 이름도 한 글자 '환桓'이고, 삶의 주제가 한 글자 '환'입니다!** 역사의 목적도 한 글자 '환'이에요!

환국은 사라진 인류 역사의 옛 고향이 아니라, 과거와 현재와 미래를 관통하는 영원한 인류의 삶, 역사의 목적, 궁극의 이상, 그 모든 것을 상징합니다. **우리 모두가 앞으로 돌아가야 할 미래의 나라가 환국**인 것입니다.

During the era of Hwanguk, people lived their life in constant connection with the divine light. For this reason, the name of the state was, in a single word, *hwan* ("radiance"). The ultimate goal of human existence and civilization was also *hwan*.

Hwanguk is not merely the ancient birthplace of humanity that existed in the past, it is something that represents the eternal destination of humanity, the purpose and ideals of human history, and all the lofty dreams and ultimate wishes of humankind throughout history. Hwanguk is the nation to which we should eventually return.

2. 한민족 최초 국가, 배달

배달을 세운 환웅천황의 칭호, '커발환'의 뜻

이제 환국을 계승한 배달로 들어가 보겠습니다.

배달국의 건설자가 환웅입니다. 그럼 배달을 세운 환웅천황의 호칭은 무엇입니까? 세 글자로 '커발환居發桓'입니다. 이 <u>배달의 초대 환웅천황의 호, 커발환에는 대원일大圓一 사상이 담겨 있습니다.</u> 그러면 대원일은 구체적으로 무슨 의미일까요? '<u>삼신이 하늘과 땅과 인간으로 드러났는데, 이 하늘과 땅과 인간은 언제나 한없이 크고(三大), 완전한 조화의 경계에 있고 (三圓), 그리고 일체의 관계에 있다(三一).</u>' 이것이 대원일의 뜻입니다.

[大] - 하늘·땅·인간은 한없이 크고

[圓] - 영원히 완전한 조화의 경계에 있고

[一] - 일체 관계에 있다.

배달국 초대 환웅천황의 존호
커발환居發桓
커발환의 '커'는 '크다'는 뜻

'Keobalhwan ' is another title of
Hwanung, the founder of Baedal.

Keo   "Greatness"
Bal   "Inclusiveness"
Hwan   "Unity"

2. Baedal: The First Korean Nation

Keobalhwan: A Title of Hwanung

Let us now continue onward to Baedal.

Baedal was the nation founded by Hwanung, who is described in *Samguk Yusa* as the son of Hwanin, the sovereign of Hwanguk. Another title of Hwanung was 'Keobalhwan,' which possesses a deep philosophical meaning. 'Keobalhwan' implies that the three manifestations of Samsin ("Triune God")—heaven, earth, and humanity—are infinitely vast, perfectly harmonious, and intrinsically one.

神秘的王国

중국은 홍산문화를 '신비의 왕국'으로 규정
The Chinese describe the Hongshan culture as a "mysterious civilization."

대형 축구장 크기(150m×60m)의 우하량 제2지점 제천단과 무덤

This site in Niuheliang, which is as big as a football field (150 by 60 meters), features an altar and a tomb.

원형 제천단
피라미드 문화의 원형

Round Altar.
A proto-pyramid structure.

『환단고기』로만 풀 수 있는 동서 문명의 원형, 홍산문화

이 배달국의 문화가 홍산문화를 통해 드러나고 있습니다.

1983년도에 우하량에서 대형 축구장 이상으로 큰 원형 피라미드가 나왔습니다. 중국 사람들은 이걸 발굴하고, 지금도 플래카드를 걸어놓고 있습니다. '신비의 왕국 우하량 홍산문화'라고.

우하량에서 발굴된 5천 5백년 전 제단과 무덤과 여신의 신전, 이것은 분명히 조직을 갖춘 초기 국가의 유적인데, 이것을 설명할 수 있는 문헌이 중국에는 단 한 권도 없습니다. 이것은 오직 『환단고기』로만 설명할 수 있습니다.

A temple, an altar, and a tomb (from left to right).
The discoveries at the Niuheliang site attest to the existence
of an ancient civilization with an early form of political system.

The Secret of the Hongshan Culture, Unveiled by Hwandan Gogi

The archaeological evidence of Baedal has been brought to light by the discovery of the Hongshan culture. In 1983, a huge pyramidal structure larger than a football stadium was discovered in Niuheliang in the Chinese province of Liaoning. The Chinese later erected an advertising banner on this site that declares, "The Mysterious Kingdom: The Hongshan Culture in Niuheliang."

In Niuheliang were found graves, an altar, and a goddess temple dating back approximately 5,500 years. This archaeological find proves that this was an organized society with religious institutions of a certain complexity. But there is no relevant historical literature in China to explain these finds. This 'mysterious kingdom' can only be explained by *Hwandan Gogi*, a Korean historical record.

This altar and cairn complex in Niuheliang were constructed in the 'circular heaven and square earth' style.

그 제단과 무덤의 양식이 바로 천원지방天圓地方입니다. 제단은 둥글고 무덤은 사각형으로 돼 있습니다. 이것은 하늘 아버지의 생명, 신성은 원만하고 어머니 땅의 정신은 방정하다는 것을 나타냅니다. 유·불·선·기독교 이전, 하나님 문화의 원형이 나온 것입니다.

지금 종교들은 2천 년, 3천 년밖에 안 됐습니다. 그런데 우리는 지금 석가, 공자, 예수 이전, 지금으로부터 7천 년 문화 역사를 이야기하고 있습니다! 진정한 동서 문명의 원형을 찾아 우리 조상의 삶의 모습과 지혜를 만나고 있는 겁니다. 그 문화의 원형을 가장 진실하게 전하는 것이 바로 무덤 터와 천지에 제사를 올린 제단입니다.

이 천원지방 양식은 시베리아 등 유라시아 전 대륙에서 찾아볼 수 있습니다. 한반도 전역에 남아 있는 제단도, 유명한 일본의 16대 인덕仁德 천황릉도 천원지방입니다.

일본 오사카에는 홍산문화의 천원지방 양식을 그대로 따서 만든 거대한 피라미드 고분이 있습니다. 사진에서 볼 수 있듯이 제단과 무덤을 우하량과 똑같이 만들어 놓았습니다.

중국의 만리장성 이남은 일반적인 무덤양식이 토광묘土壙墓입니다. 그러나 동유럽을 포함하여 유라시아 북방의 무덤 양식은 적석총積石塚입니다. 돌로 석곽을 만들어 시신을 안치하고 그 위를 돌로 쌓은 것입니다. 이것이 하나님 문화의 원형 중 하나입니다.

It is worth noting the style of the altar and of the tombs in Niuhe-liang. The altar has a round shape and the tombs form a square shape. This style originates from the idea that heaven is round and earth is square. It reflects the profound insight of the ancients, who believed the nature of Father Heaven is completely harmonious, and the mind of Mother Earth is straight and righteous. The style of architecture at the Niuhliang archaeological site indicates that there was a culture that worshipped the Father and Mother before Confucianism, Buddhism, Taoism, and Christianity appeared.

The current religions are about two thousand to three thousand years old. But the findings from the Hongshan culture demonstrate that religion had already existed seven thousand years ago.

Searching for the origin of human civilization, we encounter the profound wisdom of our ancestors. We discover the ancients' philosophy and culture, especially in the tombs and altars for religious rituals.

The 'circular heaven and square earth' style is found throughout East Asia. Many ancient altars on the Korean Peninsula, as well as the tomb of the Emperor Nintoku, the sixteenth Emperor of Japan, also exhibit the same style. In Yosano, Japan, there is a large circular tumulus built in the 'circular heaven and square earth' style. This style looks very similar to that of the altar of Niuheliang from 5,500 years ago, as if the Japanese tomb were designed using a blueprint derived from an architectural photo.

The tombs at Niuheliang were built of stones piled together. Stone-mound tombs were the dominant mode of burial throughout the Eurasian continent and into Eastern Europe. On the other hand, from the southern areas of China to the Great Wall, pit graves prevailed. The burial custom of using stone-mound tombs has a long history stretching back to the very beginning of human civilization.

하니와(土偶) 토기로 둘러싸인 쓰쿠리야마 고분

A royal tomb from the Japanese Kofun Period (Yosano, Kyoto).

후원後圓
Circular Rear

전방前方

Square Front

486m

원통형 토기로 둘러싸인 우하량 제단

Computer reconstruction of the Niuheliang altar.

| 일본 인덕천황릉 : 천원지방의 변형태 |

The tomb of the Japanese emperor Nintoku (Osaka, Japan) is also constructed in the 'circular heaven and square earth' style.

Square 방형

Circle 원형

| 원형과 방형을 보여주는 쓰쿠리야마(作山) 고분 |
교토 요사与謝군 고분공원 내 위치
Tsukuriyama Tomb (Kofun Garden, Kyoto, Japan) has both a circular and a square element.

우하량 제단과 같이 3수로 구성된 원구단
The Circular Mound Altar is constructed of three circular stone platforms.

북경 천단天壇 공원 전경
Aerial view of the Temple of Heaven in Beijing.

원구단 중앙에
하나님의 마음을 상징하는
천심석天心石이 있다

In the center of the Circular Mound Altar
rests a round slate called 'the Heart of
Heaven' (or 'the Heart of God').

북경 자금성 전경
Aerial view of the Forbidden City, Beijing.

동양의 신관, '천天과 제帝'

이 대목에서 한 가지를 꼭 추가하고 싶은 게 있습니다. **동양 정신문화의 놀라운 주제가 하나 있는데 그것은 한마디로 '천天과 제帝'입니다.**

망망한 우주는 은하계만 존재하는 허무한 곳일까요? 비행기를 타고 지구를 돌아다니다 보면 '구름 위 저 막막한 공간 속에 정말로 영혼의 세계가 있을까? 천국이 있을까?' 하는 의문을 품게 됩니다. 이것을 깨 주는 게 바로 역사 문화의 일관된 주제인 '천과 제'입니다. **동양은 대자연 우주와 이것을 다스리는 우주의 통치자 하느님이 계신다는 것입니다.**

동양에서 말하는 <u>우주의 조물주 하느님, 삼신三神</u>은 얼굴 없는 하느님입니다. 그런데 **삼신과 하나 되어 이 우주를 실제로 다스리는 분(인격신)이 계십니다. 이 천상의 우주 통치자 하느님을 제帝라고 합니다.** 이 '제帝' 자를 지금 사람들은 백이면 거의 백 명이 '임금 제' 자라고 합니다. 그런데 그게 아닙니다. 제는 본래 '하느님 제帝' 자입니다. 이 하느님은 **가장 높으신 무상의 지존자이시고, 천상에 계시기 때문에 윗 상上 자를 써서 '상제上帝'라** 합니다. 원래 호칭은 상제인데, 후대에 천제天帝, 천주天主로 불려진 것입니다.

강화도 마리산 참성단에 깃든 인류 역사의 궁극적 이정표

중국에 가보면 제천단이 남아 있습니다. 아까 본 5천 5백년 전의 우하량 제천단이 있고, 명나라, 청나라 때, 지금 자금성 주변에 그 원형을 그대로 계승한 천지일월 제단을 세웠는데 이름하여 천단天壇공원입니다. 세계적인 공원이죠. 거기를 가보면 제단이 3수로 구성돼 있고, 그 중앙에는 하느님 마음, 하느님의 심장을 상징하는 천심석天心石이 있습니다. 그 제단을 원구단圜丘壇이라 하는데, 사정방四正方으로 되어 있습니다. 정 동서남북, 원 십자입니다.

The Eastern Theological Concepts of Cheon (天, "Heaven") and Je (帝, "Ruler")

Ancient altars in Northeast Asia were built to hold offering rituals to the Supreme Being in Heaven, or 'Sangjenim' in the Korean language.

Do you think that only stars and galaxies exist in the infinite universe? When we travel around the world by plane and sometimes look into the infinite empty space above the clouds, we often wonder, "Is there really a world of spirits or a heavenly paradise anywhere?"

This question can be answered by the concepts of *cheon* and *je*, which are key words in understanding Eastern philosophy throughout history. *Cheon* means 'the living aware universe'; and *je*, 'the Supreme Ruler who governs *cheon*.' The word '*je*' (帝) is generally understood to be "human emperor," but this is not accurate. The original meaning of '*je*' is "the Supreme Ruler."

Since this Supreme Ruler resides in the highest realm of heaven, the official title for him is 'Sangjenim,' which combines the word *sang*, meaning "the highest," and *nim*, an honorific suffix. In the course of time, he was also referred to as 'God' and 'Lord of Heaven.'

While Samsin is the formless Creator, Sangjenim is a personified God. The ancient Koreans believed that Sangjenim, being one with Samsin, governs the entire universe.

Chamseongdan Altar on Mt. Marisan: A Precious Cultural Heritage

In China are preserved altar complexes for royal ceremonies that inherited the style of the altar structure in Niuheliang. For example, in central Beijing remain the Temples of Heaven, Earth, Sun, and Moon built in the south, north, east, and west of the Forbidden City respectively. The temples were visited by the emperors of the Ming (1368–1644) and Qing (1644-1912) dynasties for annual religious ceremonies. The Temple of Heaven, in particular, is world famous, and it consists of three layers. In the temple stands the Circular Mound Altar, which has stair-

그리고 그 원형이 대한민국 강화도 마리산에 있습니다. **강화도 마리산 참성단! 이것이 진정한 인류 문화유산 1호가 되어야 합니다.**

그런데 지금 대한민국 국보 1호는 남대문으로 돼 있습니다. 남대문이 어떻게 해서 국보 1호가 되었습니까?

임진왜란(1592~1598) 때 왜군이 쳐들어와서 한양 도성에 불을 지르고 전국을 전쟁터로 만들어 파괴했는데, 그때 왜군 수장 가토 기요마사加藤淸正가 숭례문崇禮門을 통해서 한양에 들어 왔습니다. 그 후 1910년에 일본 사람들이 다시 조선을 강제 점령하고 지배하면서 도성의 4대문을 모두 없애자고 했습니다. 그런데 당시 한국에 와 있던 일본인 거류민단장居留民團長이 '숭례문은 우리 조상들이 임란 때 한양으로 입성한 개선문이니 보물 1호로 정하자.'라고 해서, 숭례문 이름을 단순히 방위만을 뜻하는 남대문으로 바꾸어 보물 1호로 정했습니다. 해방 후 우리나라 정부는 그걸 그대로 계승해서 국보 1호로 정한 것입니다.

임진왜란 때 가등청정加藤淸正이 숭례문(남대문)으로 한양 입성 후 도성을 불지르고 파괴함.

ways exactly positioned to the east, west, south, north; and in the middle stands a stone named 'Heaven's Heart Stone,' which symbolizes the mind of the Supreme Being in Heaven. The altar thus exhibits the shape of an equal-armed cross pointing in the four cardinal directions.

An earlier relic for a national religious ritual is found on Ganghwa Island, South Korea. This is Chamseongdan Altar on Mt. Marisan, one of the world's first national altar complexes. Chamseongdan Altar is an ancient altar built by Dangun Wanggeom (the founder of ancient Joseon) to offer sacrifices to the Supreme Being in Heaven. I believe this place is worthy of being designated as the world's most precious heritage site.

Currently, the Korean cultural heritage that has been designated as National Treasure No. 1 is Namdaemun, the Great South Gate in Seoul. How has this become so?

During the Japanese invasion in 1592, the Japanese made the whole country of Joseon into a battlefield, burning and ravaging the capital, Hanyang (present-day Seoul). The chief commander of the Japanese army, Kato Kiyomasa, marched into Hanyang through the Great South Gate (Namdaemun), the official name of which is 'Gate of Exalted Ceremonies' (Sungnyemun). Later, when Japanese colonial rule over Joseon began in 1910, some among the Japanese wanted to eliminate the four grand gates of Seoul. However, a representative of the Japanese residents in Joseon suggested not destroying Sungyemun and making it the first 'Korean Cultural Heritage' since their Japanese ancestors had passed through this gate during the invasion in 1592. Thus, they designated it Korean Cultural Heritage No. 1, registering it with its unofficial name, 'Great South Gate.' After liberation, our government then simply perpetuated this decision.

◄◄ During the Japanese invasion of 1592, the troops of Kato Kiyomasa marched through Namdaemun ("the Great South Gate") in Hanyang (present-day Seoul), then destroyed the city.

본래는 강화도 마리산 참성단이 국보 1호가 되어야 합니다. 왜 그럴까요? 거기에는 '하늘보다 땅이 더 높다. **하늘의 이상은 어머니 땅의 품 안에서 이뤄진다.**'는 주역의 **지천태**地天泰 사상이 드러나 있기 때문입니다. 저 사진을 보면 **지방**地方 제단이 더 높은 곳에 있습니다. 이것은 미래의 새로운 문명, **이상적인 조화문명의 상**象을 보여줍니다.

강화도 마리산 참성단은 비록 규모는 작지만, 이런 심오한 우주론과 신관, 인간 삶의 이상 세계, 인류 역사의 궁극의 이정표를 담고 있기 때문에 대한민국 국보 1호, 나아가 인류 문화유산 1호가 되어야 합니다.

Chamseongdan Altar on Mt. Marisan on Ganghwa Island. The square-shaped altar is in a higher position than the round walls, signifying the *I Ching* hexagram *Tae* ("Peace": Earth is above Heaven).

I believe that Chamseongdan Altar should have originally become the first national treasure. The cultural value of this heritage object is clear in its architectural style. The shape of the altar represents the *I Ching*'s eleventh hexagram, "Peace" (泰, *tae*), made up of two trigrams, "earth" and "heaven," with "earth" placed above "heaven." This bears a symbolic meaning: the ideal of Father Heaven will be realized in the realm of Mother Earth. As you can see in the picture, the square altar is indeed higher than the round-shaped walls. This shows us an image of the future new human civilization, an ideal civilization of enlightened people.

Chamseongdan Altar on Mt. Marisan may be small in size, but it contains profound cosmological and theological significance, since it points to an ideal world and to the ultimate destination of humanity. Indeed, it is a heritage object precious enough to be the first of the Korean national treasures, as well as number one among the world's cultural heritages.

배달시대의 유물들

그럼 환국과 배달, 이 동방문화는 무엇으로 표상이 되는가? **천지일월의 광명과 신성을 상징하는 용봉**龍鳳으로 드러납니다. 우주의 물을 다스리는 것은 용이고 불을 다스리는 건 봉황입니다. 그래서 각 민족이 이것을 영적 토템으로 하여 나라를 통치했는데, 실제로 지구상을 다녀보면 이 용봉문화가 없는 곳이 없습니다.

좀 전에 환국 문명 시간대에서도 살펴봤는데 홍산문화 우하량 유적지에서 배달국 시대의 옥玉으로 만든 여러 가지 생활 도구가 수없이 쏟아져 나옵니다. 이 옥은 압록강에서 가까운 요동반도의 수암岫岩 등에서 나온다고 하는데, 제주도 박물관에 가보면 제주도에서도 옥기가 나오고, 부산에서 사이다 병을 던지면 해류에 밀려 도달한다는 일본 이즈모(出雲)에서도 옥 공예품이 많이 나옵니다. 일만 개 신사의 원조인 이즈모 대사에는 그 옛날 문화의 현장이 지금도 보존되어 있습니다.

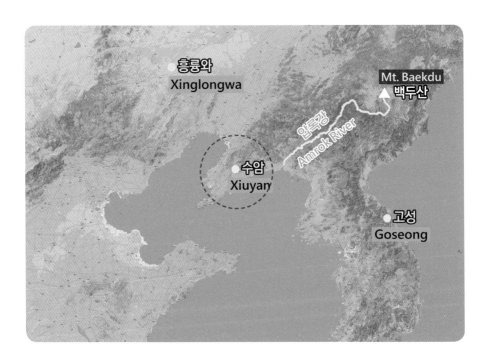

Representative Features of Ancient East Asian Cultures

The ancient peoples who lived in the Hongshan cultural sphere shared universal elements passed down from the Hwanguk and Baedal periods.

First of all, they considered the dragon and the phoenix auspicious sacred beings. The dragon and phoenix represent the brightness and divinity of heaven, earth, sun, and moon. The dragon is considered a mysterious creature that controls water; the phoenix, a celestial bird that governs fire. In fact, the dragon and phoenix served as sacred emblems not only for East Asians but for peoples all around the world.

Jade is another representative feature of the Hongshan culture. In the Niuhelang sites, countless household items made of jade were excavated. It has been discovered through research that the people of Hongshan obtained jade from the mines near the Amrok (or Yalu) River. Interestingly, jade artifacts are found on Jeju Island, too. Also, in the shrine of Izmo, one of the oldest shrines among the tens of thousands of shrines in Japan, many objects made of jade have been unearthed.

| 흥륭와문화 옥결 |

A jade ring from the Xinglongwa site in China (6200-5200 BCE).

| 강원도 고성군 옥결 |

A jade ring from Goseong in Gangwon Province, Korea (6000 BCE).

둘 다 압록강변의 수암岫岩에서 나온 수암옥으로 만들었다.
An isotopic study revealed that both rings were crafted from jade sourced from present-day Xiuyan, near the Amrok (or Yalu) River.

중국 요령성 덕보德輔 박물관에 있는 6천 6백년 전부터 천 년 동안 쏟아져 나온 옥기들을 한번 보기로 하겠습니다. 아주 깔끔하게 보존되어 있습니다.

조양시 **덕보박물관**(중국 요령성)
Defu Museum in Chaoyang City, China.

덕보박물관 옥기 전시실(6천 6백 년~ 5천 5백 년 전)
Collections of ancient jades in Defu Museum.

Let us look at artifacts from the Defu Museum in Liaoning Province, China. There are many objects made of jade, which were produced over a thousand years beginning 6,600 years ago. They are nicely displayed at the museum.

삼신사상을 상징하는, 천제 올릴 때 쓴 삼련벽三聯璧과 옥종玉鐘도 있습니다. 옥 장식품들은 지금도 우리가 금은방에서 볼 수 있는 물건들입니다. 6천 년 전에서 8천 년 전에 저렇게 구멍을 뚫을 수 있는 세공 기술이 있었던 것입니다.

홍산문화에서 동방 천제문화 유물이 헤아릴 수 없이 쏟아져 나오고 있는데, 그럼 이 문화 발굴의 의미가 무엇인가? 결론이 무엇인가? <u>천제天祭와 조상을 섬기는, 조상제사의 문화 틀이 오래 전 환국·배달 시대부터 뿌리를 내리고 있었다는 것입니다.</u>

삼신三神사상을 상징하는 삼련벽三聯璧
Jade artifacts with three rings, symbolizing the worship of Samsin ("Triune God").

옥종(옥으로 만든 예기) A ritual object made of jade.

Here you see a jade object, with three bridge-shaped sections, which suggests there existed the worship of Samsin (literally, "Triune God"). Jade bells have also been excavated. These jade objects were used in the performance of religious rituals. There are also jade ornaments that wouldn't be out of place in jewelry shops nowadays. This shows that ancient people had the skill to drill such fine holes even eight thousand years ago.

Numerous items point to the existence of religion in these societies. In fact, national rituals and ancestor veneration were already in practice during the Hwanguk and Baedal times.

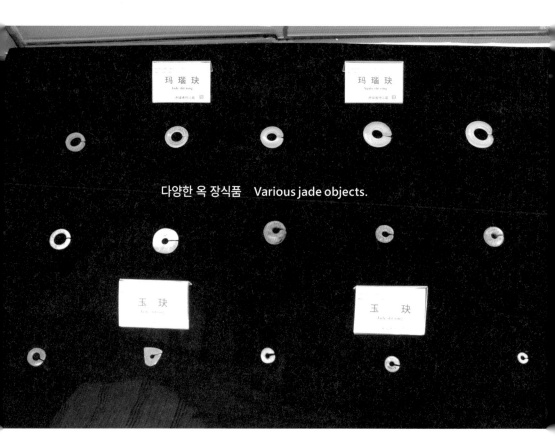

다양한 옥 장식품　Various jade objects.

삼신문화를 상징하는 대표적인 것이 삼족기三足器, 즉 세 발 토기인데 저것이 중국의 역대 왕조에서 천제를 올릴 때 사용한 제례 도구입니다. 수도 없이 쏟아져 나옵니다.

돌로 만든 악기인 석경石磬도 나오고, 궁중 문화 의례에서 사용된 '오카리나'라는 악기의 원형도 나오고 있습니다. 돌망치도 수없이 쏟아져 나오고, 심지어 신발을 제작했던 틀도 나옵니다.

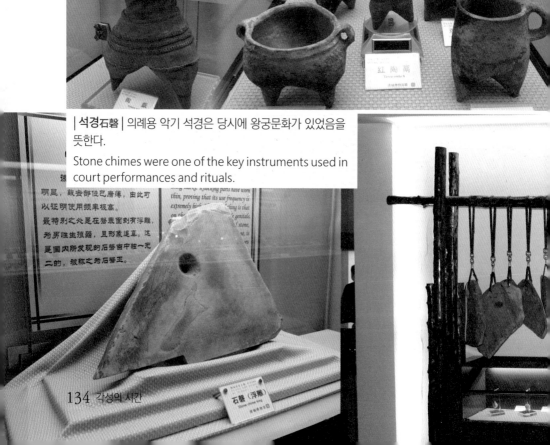

천제 때 제기로 쓰인 삼족기三足器
Tripod vessels, used during religious rituals.

| 석경石磬 | 의례용 악기 석경은 당시에 왕궁문화가 있었음을 뜻한다.
Stone chimes were one of the key instruments used in court performances and rituals.

The tripod vessels are one of the relics that reflect the existence of the worship of Samsin. Countless such items have been excavated. Chinese dynasties also used tripod vessels when conducting national religious rituals.

Sounding stones, a musical instrument for royal ceremonial rituals, were unearthed. An early form of ocarina was also excavated. Numerous stone hammers have been found, and stone frames that produced shoes was discovered.

신발틀
Shoe molds

돌도끼
A stone axe blade

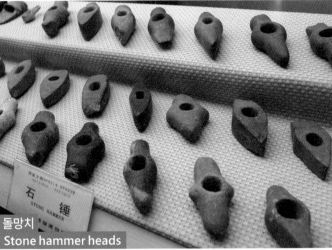
돌망치
Stone hammer heads

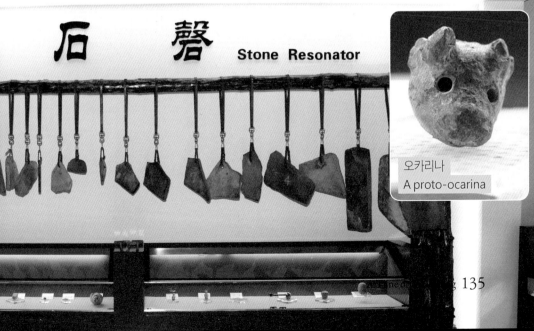
石磬 Stone Resonator

오카리나
A proto-ocarina

저기 무덤 터에서는 입으로부터 시작하여 사람 몸의 구멍을 전부 옥으로 메운 유해가 발굴되었습니다.

또 하나님과 인간 사이를 매개한다는 부엉이 등 옥으로 만든 여러 가지 새들이 나옵니다.

| 머리에서 발끝까지 총 20점의 옥기로 치장한 우하량 제2지점 21호묘 |

Remains adorned with more than twenty jade ornaments at a tomb in Niuheliang.

In this tomb, we see human skeletal remains whose every bodily opening (the mouth, for example) is stuffed with jade items.

Various jade bird figurines were excavated in the Hongshan sites, including the owl, which is considered a messenger between God and humans.

옥부엉이 A jade owl.

옥박쥐 A jade bat.

옥봉황 Jade phoenices.

내몽골 나만기奈曼旗 같은 데서는 6천 7백 년 전 이후에 만들어진 옥도장이 나왔습니다. 그 밑을 보면 인주까지 찍혀 있어요. **환웅천황이 동방으로 와서 신시배달국을 개창할 때 환인 천제로부터 천부인 도장을 가지고 오셨다는데, 이는 배달국이 통치권을 행사하는 정치 지도자가 있는 국가조직을 갖춘 문명임을 뜻하고 있습니다.**

또 단군조선 영역에서 광범하게 출토되는 **비파형 동검**銅劍은 비파琵琶라는 악기의 몸체를 본떠서 만든 것인데, 그 원형이 6천 년 전 배달국 시대에 옥으로 만든 **비파형 옥검**玉劍입니다. 비파형 동검이 단군조선 초에 갑자기 쏟아져 나온 것이 아닙니다. 환국 문화도 그 이전 **4만 년 동안의 문화가 축적돼서 9천 년 전에 환국의 우주광명 문화가 나온 것입니다.**

지구촌 여러 곳의 역사 유물들을 보면 어떻게 그걸 부정할 수 있겠습니까? '환국, 배달, 아! 이건 너무도 당연한 거구나!' 하는 걸 느낄 수 있고, 『환단고기』의 역사 기록을 결코 소홀히 할 수가 없습니다.

내몽골 나만기에서 발굴된 옥 도장 (6,700～4,900년 전)
환웅천황의 천부인天符印 도장이 실존했을 가능성을 보여준다

A jade seal (4,900 to 6,700 years old) discovered at Naiman Banner in Inner Mongolia. It attests to the existence of the "Heavenly Emblems and Seal" of Hwanung.

In Naiman Banner, Inner Mongolia, were unearthed seals made of jade dating back 6,700 years ago. The seals still retain stamp ink on them. They are items which may give answers to the secret of the "Heavenly Emblems and Seal" which Hwanung is said to have attained when he left Hwanguk.

Here you see jade daggers in the shape of a mandolin. One of the well-known artifacts of ancient Joseon is the mandolin-shaped bronze dagger. However, these bronze daggers did not suddenly appear out of nowhere. The original form of this bronze dagger is the similarly shaped jade dagger, which dates back to the nation of Baedal, six thousand years ago.

5,500년 전 배달시대 비파형 옥검. 우하량 제16지점 4호묘 출토

단군조선의 비파형 청동검은 배달의 비파형 옥검을 계승한 것이지, 단군조선 초기에 갑자기 출현한 것이 아니다.

The mandolin-shaped daggers of ancient Joseon were modeled after the earlier ones of Baedal. It is not correct to say that they appeared spontaneously during the early stage of ancient Joseon.

| 옥검 | 배달시대
A jade dagger from the Baedal nation.

| 청동검 | 단군조선시대
A bronze dagger from ancient Joseon.

결론적으로 홍산문화 지역은 북방의 유목문화와 남방의 농경문화와 발해만의 해양문화 등 여러 문명요소들이 융합될 수 있는 지역입니다. 훌륭한 문명 통합의 정신, 그 피를 한반도의 한민족이 그대로 받아 가지고 있는 것입니다.

그러나 안타깝게도 우리는 그 역사와 문화를 다 잃어버렸습니다. 그래서 지금 지구촌 북방문화와 남방문화, 대륙문화와 해양문화를 융합할 수 있는, 원형문화의 진정한 창조 정신이 깊이 잠들어 있습니다. 오늘 우리는 이 정신을 깨우고 각성해야 하며 새로운 깨달음을 얻어야 합니다!

The Hongshan cultural sphere was located in the area where the various cultures of the world could harmoniously coexist.

Geographically speaking, the Hongshan cultural sphere was located in the area where the various cultures of the world—such as the northern nomadic culture, the southern agricultural culture, and the oceanic culture of the Bohai Sea—could harmoniously coexist. It demonstrates the Hongshan people's desire for cultural convergence.

Unfortunately, Korean people, the descendants of the Hongshan people, have lost their history and culture. The spirit they inherited from their forefathers, which could bring together cultures across the world, remains in deep slumber. Koreans must awaken this spirit within themselves and attain a new understanding of history.

3. 한민족의 전성기, 고조선

단군조선은 3왕조 시대

이제 단군조선으로 넘어가 보겠습니다. 단군조선은 BCE 2333년부터 BCE 238년까지, 마흔일곱 분 단군이 2천 96년 동안 다스렸습니다.

아까 읽은 『삼국유사』에 '수도를 송화강 아사달에서 백악산 아사달로, 다시 장당경 아사달로 옮겼다.'라고 수도를 세 번 옮겨갔다는 기록이 나와 있죠.

이집트, 로마를 보면 이집트 약 2천 년, 로마 제국이 2천 년을 갔습니다. 그런데 우리 동방에도 2천 년 왕조 역사가 있습니다. 바로 단군조선의 역사입니다.

제1왕조 송화강 아사달(하얼빈) 시대부터 제2왕조 백악산 아사달(장춘) 시대, 즉 43세 물리 단군까지 정확하게 1천 9백 8년입니다. 앞서 『삼국유사』「고조선」에서 '단군왕검의 수명이 1천 9백 8년'이라고 한 것은 단군

송화강 아사달 — Harbin 하얼빈
백악산 아사달 — Changchun 장춘
장당경 아사달 — Kaiyuan 개원
▲ Baekdu Mountain 백두산

수도를 세 번 옮긴 단군조선
Ancient Joseon's capital had three locations.

3. Joseon: The Strongest Korean Nation

The Three Periods of Ancient Joseon

So far we have talked about Hwanguk and Baedal. Now let us move on to Joseon, founded by Dangun Wanggeom, who inherited Baedal's legitimate lineage of sovereignty. Joseon was ruled by forty-seven Danguns over 2,096 years, from 2333 BCE to 238 BCE.

According to the records of *Samguk Yusa* mentioned earlier, the capital of Joseon was relocated twice: from Harbin to Changchun, then to Kaiyuan. Joseon stood for approximately two thousand years, as did Egypt and Rome.

From the first Songhwagang period (capital: present-day Harbin) to the second Baegaksan period (capital: present-day Changchun), Joseon lasted for 1,908 years. During the reign of Dangun Mulli, the last Dangun of the second period, a man led a coup d'état to take over the government. He became Dangun Gumul, the forty-fourth sovereign of Joseon, and he changed the name of the nation to 'Great Buyeo.' This marked the beginning of the third Jangdanggyeong period (capital: present-day Kaiyuan) of Joseon. This third period lasted 188 years, making the total span of Joseon 2,096 years.

단군조선 변천 과정
Three Periods of Joseon

제1왕조 First Period	1세 단군왕검 ~ 21세 소태단군 21 Danguns (1,048 years)	총 역년 **2,096년**
제2왕조 Second Period	22세 색불루단군 ~ 43세 물리단군 22 Danguns (860 years)	
제3왕조(대부여) Third Period (The name of Joseon changed to 'Great Buyeo.')	44세 구물단군 ~ 47세 고열가단군 4 Danguns (188 years)	2,096 years (2333 BCE - 238 BCE)

조선 제2왕조까지의 역년인 겁니다. 그리고 물리 단군 때 혁명을 일으키고 즉위한 44세 구물 단군은 나라 이름을 대부여로 바꾸었습니다. 이때부터가 제3왕조(장당경 아사달-개원 시대) 시대인데, 이 대부여가 188년 지속되었으니 단군조선의 역년은 총 2천 96년입니다.

단군조선 시대는 이후 북부여로 계승됩니다. 해모수라는 분이 단군조선의 중앙 정부인 진한이 망하기 1년 전, 웅심산熊心山에서 북부여라는 나라를 세웠는데. 대부여를 계승해 북부여라고 한 것입니다.

9년 대홍수의 위기에서 중국을 구해 준 단군왕검

단군조선 시대의 역사 문화를 보여주는 대표적인 유적이 아까 말한 강화도 마리산 참성단입니다.

지금부터 약 4천 3백 년 전, 초대 단군왕검 재위 50년 되던 해에 동북아에서 대홍수가 일어났습니다. 노아의 홍수는 잘 아시죠? 그때와 멀지 않은 때입니다. 홍수가 나자 단군께서는 산과 하천을 잘 정리하여 그해 홍수를 극복하셨습니다. 그리고 이듬해 마리산에 참성단을 쌓도록 명하시어 우주의 통치자 하나님, 상제님께 친히 국난극복에 대한 보은 천제를 올리셨습니다.

| 마리산 참성단 | 단군왕검 재위 50년에 홍수가 일어나 물을 다스리고 이듬해 마리산 참성단을 쌓음(BCE 2283년)

Chamseongdan Altar on Mt. Marisan, Ganghwa. During the fiftieth year of the reign of Dangun Wanggeom, a great flood struck the country. The next year, he had this altar built (2283 BCE).

Joseon was succeeded by North Buyeo, a nation first founded at Mt. Ungsimsan by Haemosu a year before the central government of Joseon completely collapsed. The name 'North Buyeo' signalled the succession from Great Buyeo, another name of the third period of Joseon.

Joseon Saved China from the Catastrophe of the Nine-Year Flood

One of the representative relics of Joseon is the Chamseongdan Altar on Mt. Marisan, mentioned earlier. Around 4,300 years ago, in the fiftieth year of the reign of Dangun Wanggeom, a terrible catastrophe occurred in Northeast Asia: a great flood. The great flood in Northeast Asia occurred about the same time as Noah's flood. After controlling this flood successfully, Dangun Wanggeom built Chamseongdan Altar on Mt. Marisan, and there he performed a national ceremony to heaven. He offered a prayer of gratitude to Sangjenim, the Supreme Being in Heaven.

그 수년 뒤에 중국에서 9년 대홍수가 일어났는데, 이 내용이 성인 제왕의 역사를 기록한 유가의 경전 『서경書經』에 나와 있습니다. 거기에 이런 내용이 나옵니다.

"옛날에 곤鯀이 홍수를 막으면서 오행의 질서를 어지럽히자 천제(단군왕검을 의미함)께서 진노하셔서 홍범구주洪範九疇를 내려주시지 않았다."

중국 우나라 순임금 때, 곤이라는 사람이 홍수를 다스리다가 실패하고 귀양을 가서 무참하게 죽습니다. 그 뒤를 이어 **곤의 아들 사공司空 우禹가 9년 홍수를 다스리는데, 사무친 마음으로 동방 천자의 나라, 조선에 탄원**을 했나 봅니다. 홍수를 다스릴 수 있는 법방을 가르쳐 달라고.

이에 단군왕검께서는 아들, 부루 태자를 보냈습니다. 부루 태자는 나중에 2세 단군이 된 분입니다. 그때 **부루 태자가 산동성에 있는 낭야성琅邪城에 가서 중국의 실정을 보고 받습니다.** 지금도 그 성이 잘 보존돼 있는데, 낭야성 꼭대기에는 면류관을 쓴 진시황이 손가락으로 동방 조선의 황해 바다를 가리키고 있는 석상石像이 남아 있습니다.

箕子乃言曰 我聞호니 在昔鯀이 陻洪水하야 汩陳其五行한대
帝乃震怒하사 不畀洪範九疇하시니 彝倫의 攸斁니라
鯀則殛死어늘 禹乃嗣興한대 天乃錫禹洪範九疇하시니
彝倫의 攸敍니라

기자가 이에 대답하였다. "제가 들으니, 옛날에 곤鯀이 홍수를 막으면서 오행의 질서를 어지럽히자 천제(단군왕검)께서 진노하셔서 홍범구주(아홉 가지 치국治國의 대법大法)를 주지 않으니 치국의 상도常道가 이로 인해 파괴되었습니다. 곤은 귀양 가서 죽었고, 우가 부친의 사업을 계승하여 일어났

A few years later, China was also struck by a great flood that is said to have lasted nine years. This is recorded in a famous Confucian classic *Shujing* ("*The Classic of History*"). This document contains the following passage:

> The count of Qi thereupon replied, "I have heard that a long time ago Gun dammed up the inundating waters, and thereby threw into disorder the arrangement of the five elements. The Emperor was consequently roused to anger, and did not give him the Great Plan with its nine divisions."

In the time of King Shun in China, a man named Gun was exiled and died in disgrace because he had failed to remedy the great flood. His son, Yu, took over the task. He fervently begged the government of Joseon, the land of Dangun, the "Emperor," to teach him a method for mastering the flood.

Thus, Dangun Wanggeom dispatched his son, Prince Buru, who later became the second Dangun, to remedy the problem. He traveled to the fortress of Langya in Shandong Province and was briefed about the flood.

The fortress has been well-preserved to modern times. On top of the fortress stands a stone statue of Qin Shi Huang wearing the imperial crown. The statue depicts him pointing his finger towards Joseon across the Yellow Sea in the east.

습니다. 천제께서 홍범구주를 우에게 내려주시니, 치국의 상도常道가 이로 인해 정해지게 되었습니다."(『서경』)

    낭야성의 유래는 오직 『환단고기』에만 나옵니다. 단군조선의 서쪽, 번한의 초대 임금이 배달국 치우천황의 후손인 치두남이고, 낭야는 바로 그의 아들입니다. 번한의 2세 왕인 낭야가 그 성을 개축했다 해서 낭야성이라 부르는 것입니다. 부루 태자는 거기서 중국 홍수의 실정을 듣고, 지금의 절강성 쪽에 있는 도산(회계산)에서 회의를 소집해 사공 우에게 오행치수법五行治水法, 즉 홍범구주를 전하였습니다.

    중국이 천자문화, 황제문화를 갖게 된 것은 바로 사공 우가 천제이신 단군왕검에게서 오행치수법이 적힌 '금간옥첩金簡玉牒'을 받은 이 때부터이며, 거기에 적힌 오행치수의 비결인 『황제중경黃帝中經』이 후에 기자가 설한 홍범구주洪範九疇입니다. 홍범구주란 '나라를 다스리는 큰 아홉 가지 규범'이란 뜻으로 지금 쓰는 '범주'라는 말이 여기서 나온 것입니다.

4천 2백여 년 전 단군왕검이 보낸 특사 부루태자가 중국 순임금을 만난 낭야성(산동성 교남시)
Statue of Qin Shi Huang on top of the Langya Fortress in Shandong Province.
The emperor is pointing his hand towards the east.

No document preserves the story of the origin of the fortress name, 'Langya,' except *Hwandan Gogi*. The name 'Langya' came from Nangya. According to *Hwandan Gogi*, Nangya was a son of Chi-dunam, the first Vice Dangun who ruled the western side of Joseon: Beonhan (aka Beon-Joseon). He was a descendant of Hwanung Chi-u, an emperor of Baedal. Nangya became the second king of Beonhan, and since he had reconstructed this fortress, it was called 'Nangya (Langya) Fortress.'

Now back to the story. Briefed on the current situation of the flood, Prince Buru summoned the feudal lords to Mt. Kuaiji near the present-day province of Zhejiang. There, he taught Yu a method of controlling the water that drew upon the doctrine of the five elements: Nine Great Laws of Governing a Nation (otherwise known as the Great Plan of Nine Divisions).

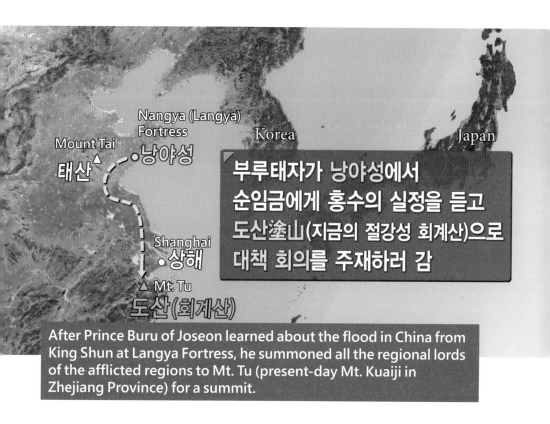

Nangya (Langya) Fortress
낭야성
Mount Tai
태산
Korea
Japan
Shanghai
상해
Mt. Tu
도산(회계산)

부루태자가 낭야성에서
순임금에게 홍수의 실정을 듣고
도산塗山(지금의 절강성 회계산)으로
대책 회의를 주재하러 감

After Prince Buru of Joseon learned about the flood in China from King Shun at Langya Fortress, he summoned all the regional lords of the afflicted regions to Mt. Tu (present-day Mt. Kuaiji in Zhejiang Province) for a summit.

그렇게 해서 치수에 성공하여 민심을 얻은 우는 순임금을 이어 하夏나라를 건국하게 됩니다. 중국 3대 고대왕조의 시조가 된 것입니다. 『서경』에는 '중국 문명이 붕괴될 위기에서 건져준 분이 동방의 제왕, 천제다.'라는 기록이 나와 있습니다.

그런데 중국 사람이 기록한 『오월춘추吳越春秋』에서는 이 역사를 왜곡, 조작합니다. 어떻게 했는가?

"당시 우가 너무도 괴로워 하늘에 기도를 했더니 꿈에 붉은색으로 수놓은 비단옷을 입은 남자가 나타나 '나는 현이玄夷(북방에 살던 동이족)의 창수사자蒼水使者다. 네 마음이 갸륵하니 내가 법방을 가르쳐 주마.'라고 해서, 꿈속에서 계시를 받고 국난을 해결하였다."라고 조작해버렸습니다. 부루태자를 창수사자로 왜곡하여 중국의 요순, 하 왕조를 구원해준 단군조선을 은폐시킨 것입니다.

우 내 등 산　　　　앙 천 이 소
禹乃登山하야 仰天而嘯라가
인 몽 견 적 수 의 남 자　　　자 칭 현 이 창 수 사 자
因夢見赤繡衣男子하니 自稱玄夷蒼水使者라

우는 산꼭대기에 올라가 하늘을 바라보며 울부짖다가
갑자기 잠이 들어 꿈에 붉은 자수 옷 입은 남자를 보았는데
그는 자신이 '현이의 창수사자'라고 말하였다. (『오월춘추』)

Having learned this method, Yu successfully devised a system of flood control. He gained immediate popularity and, as the successor of King Yao and Shun, founded the Xia Dynasty, thus ushering in the era of the three ancient Chinese dynasties.

Shujing implied that he who saved China from total collapse was Dangun, the ruler of Joseon. But another Chinese book, *Wuyue Chunqiu* ("*History of Wu and Yue*"), tells a different story about the same event.

According to this book, Yu prayed to heaven in great anguish, and a messenger in red silk garments appeared before him in a dream and said, "I am the Changsu Sea's messenger from the north. You are sincere, so I will teach you a way." Yu supposedly solved the country's crisis by drawing upon this celestial instruction from his dream. This was a severe distortion of history.

| 우禹 | 9년 홍수를 성공적으로 다스려 민심을 얻어 하나라를 건국함(BCE 2205).
중국 3대 고대왕조 하夏·상商·주周의 시조
Yu. Having been taught by Prince Buru the Nine Great Laws of Governing a Nation, Yu successfully controlled the flood. This led to his establishment of the Xia dynasty.

만주, 내몽골, 한반도, 일본까지 이어진 단군조선 문화 벨트

단군조선 문화를 좀 더 들여다보면, 중국 내몽골에 있는 하가점夏家店 하층문화下層文化에서 만주, 내몽골, 한반도, 일본까지 이어지는 단군조선의 문화의 띠가 나오는데 이것을 잠깐 보기로 하겠습니다.

현장에 가보면, 비파형 동검을 만든 공장 유적이 나옵니다. 그 주물 틀도 나오는데. 박물관에 아주 잘 보존돼 있습니다.

단군조선 시대의 삼족기에는 음과 양 모습의 문양이 그려져 있죠.

| 하가점 하층문화의 대표 유물인 4천 5백년 전 비파형 동검과 주물 틀 |

One of the most important discoveries of the Lower Xiajiadian culture: a mandolin-shaped bronze dagger and its mold (4,500 years ago).

요하
Liao River

Sanzuodian
삼좌점촌 △   ★ Xiajiadian
              하가점촌
     △ 적봉
     Chifeng

난하
Luan River

Daling
대릉하
River

단군조선을 입증하는
하가점夏家店 하층문화
(3,500~4,500년 전)

The Lower Xiajiadian Culture
(3,500 to 4,500 years ago)
The Lower Xiajiadian culture lay within ancient Joseon's sphere of influence.

Ancient Joseon's Sphere of Influence, Stretching from Manchuria, Inner Mongolia, and the Korean Peninsula to Japan

Let us now examine ancient Joseon's sphere of influence, which stretched from Inner Mongolia, China, Manchuria, and the Korean Peninsula to Japan.

In the Lower Xiajiadian archaeological sites in southeastern Inner Mongolia were found the remains of casting molds that produced mandolin-shaped bronze daggers. They are still well preserved in a museum. As mentioned earlier, the mandolin-shaped copper dagger is an instrument representing Korea's Bronze culture, during the ancient Joseon period.

These tripod vessels depict patterns of yin and yang symbols, just like the vessels of ancient Joseon.

| 삼족기三足器 |
하가점 하층문화
Tripod vessels from
the Lower Xiajiadian
culture.

단군조선의 역사 유적지인 삼좌점三座店에서는 환국, 배달 문화를 그대로 계승한 원형제단 같은 것들이 숱하게 쏟아져 나옵니다.

천제를 올린 뒤 옷가지를 태운 터도 나오고, 또 치雉(성城의 담) 같은 것이 10여 개가 나옵니다. 그런데 이 성 쌓는 법이 훗날 고구려의 성 쌓는 방법과 똑같습니다.

산성 뿐만 아니라 삼수문화를 보여주는 세 개의 바위로 만든 제단도 있습니다.

| 삼좌점의 소의燒衣터 |
A site at Sanzuodian where clothes were burnt as a spiritual ritual.

| 삼좌점 유적의 원형 제단 | 배달시대 홍산문화의 원형 제단과 동일한 형태
Circular altar at Sanzuodian excavation site. It was built in a similar style and structure as the altars from the Hongshan culture, built during the Baedal era.

At Sanzuodian, a stone-walled city-site of the Lower Xiajiadian culture, countless remains of religious edifices identical to those of Hwanguk and Baedal were excavated. A site where clothes were burnt during spiritual offerings was also discovered.

Also discovered were the remains of about ten projecting bastions of a fortification. This style of constructing a fortress seems almost identical to the architectural style of Korea's Joseon (2333–238 BCE) and the Goguryeo Dynasty (37 BCE–668 CE).

On Mt. Chengzishan were discovered three altars made of stone. Interestingly, such altars are also found in Mongolia.

| 3수 문화를 보여주는 돌로 만든 제단 | 성자산 유적

The triad stone altar on Mt. Chengzishan attests to the existence of the worship of Samsin.

치稚
Projecting fortress walls.

치雉
Projecting fortress walls.

삼좌점의 치稚
방어용 돌출 성벽, 고조선의 독특한 성벽으로 고구려성에서도 보인다

The projecting fortress walls of Sanzuodian. This unique style of fortress was common in ancient Joseon and the Goguryeo Dynasty.

제가 몽골에 갔을 때, 칭기즈칸이 어릴 적 고독하거나 또는 어려운 일에 부딪혔을 때 가서 마음을 달랬던 푸른 호수가 있는데, 거기에 검은 심장산心臟山이 있다는 것입니다. "도대체 어떻게 생긴 산인가? 한번 보러 가자!" 해서 거기를 갔습니다. 가서 호수를 보고, 그 위 검은 심장산을 올라가 보니 거기에 제단이 있었습니다.

| 징기스칸의 고향 '헨티 아이막'의 푸른 호수 |
Blue Lake is in Khentii, the birthplace of Genghis Khan, in the northeastern part of the Tibetan Plateau.

In Mongolia, there is a lake called 'Blue Lake.' They say Genghis Khan (c. 1162–1227, the founder of the Mongol Empire) in his youth often went to this place to calm his mind. On the north side of this lake stands a mountain known as 'Black Heart Mountain,' and I went to this mountain with our research team. Atop the mountain, we found an altar complex.

| 푸른 호수 북쪽에 인접한 검은 심장산 |
Black Heart Mountain.

남쪽(午)
South

① ② ③

| 오워 앞에 모신 제단 | 홍산문화(배달 시대), 성자산 유적(단군조선 시대)의 제단과 같이 3수로 되어 있다.

Three altars in front of an *ovoo*. Three has been a sacred number to the Mongolians just as it was to the Hongshan people (Baedal era) and to the people of Mt. Chengzishan (ancient Joseon era).

| 검은 심장산 정상의 오워(서낭당) | 오워 둘레의 정 동서남북에 네 기둥이 세워져 있다.

Ovoo on top of the Black Heart Mountain, featuring four pillars, one in each of the four cardinal directions (north, south, east, and west).

북쪽(子) ☞
North

오워 제단이라 하는데, 이 사람들이 어떻게 지리를 알았는지 자오선으로 선을 맞춰 놓았습니다. 거기 제단이 돌 셋으로 돼 있습니다. 여기에도 삼신문화가 살아 있습니다.

그러니까 환국, 배달, 조선을 알고 모르고를 떠나서 '아, **지구촌 문화는 보편성이 있구나. 지구촌은 한 가족이 될 수 있는 삶을 살아왔구나!**' 하는 것을 깊이 느끼게 됩니다.

조금 더 부연을 하면 단군조선 문화의 위대한 특징의 하나는 바로 그것이 **유라시아 대륙 유목문화의 근원**이라는 것입니다.

This altar complex, where the exact meridian line was taken into account in construction, had three stone altars built in front of a stone heap called an 'ovoo.' It was obvious that these people also worshipped Samsin ("Triune God"). Whether or not they know about Hwanguk, Baedal, and Joseon, those who travel around the world's ancient historical sites ultimately conclude, 'We find so many universal elements throughout the world's ancient cultures that there must have been a single universal culture which gave birth to all the different civilizations of today.'

Now, I'd like to make an additional point in regard to one aspect of Joseon's great cultural legacy—that it was the origin of the nomadic culture of the Eurasian continent.

고조선에서 분화한 북방 유목민족

단군조선에서 뻗어 나간 유목문화는 유라시아뿐 아니라 서양에 들어가 고대를 무너뜨리고 중세를 열었으며 또 중세 말에는 중세 봉건사회의 질서 자체를 무너뜨리고 근대 자본주의 문화로 나아가는 길을 열었습니다.

『환단고기』를 보면, '3세 단군 때 내몽골 쪽 열양列陽의 욕살褥薩(지방장관) 삭정索靖이 죄를 짓자 단군이 약수弱水 지방으로 귀양을 보내어 가둬 놓았다가 훗날 사면을 해서 북방 훈족, **흉노족의 초대 왕으로 임명했다**.', '**4세 단군이 자기 아우 오사달을 몽고리한, 몽골의 초대 칸으로 임명했다.**'는 기록이 있습니다.

命列陽褥薩索靖하사 遷于弱水하시고 終身棘置러시니
後에 赦之하사 仍封其地하시니 是爲凶奴之祖라

임금(3세 가륵단군)께서 열양의 욕살 삭정을 약수 지방에 유배시켜 종신토록 감옥에 가두셨다. 후에 용서하여 그 땅에 봉하시니, 이 분이 흉노의 시조이다. (『단군세기』)

封皇弟烏斯達하사 爲蒙古里汗하시니

임금(4세 오사구단군)께서 아우 오사달을 몽고리한으로 봉하셨다. (『단군세기』)

참으로 놀라운 기록인데, 시베리아나 유럽에 가서 그 땅을 거닐며 『환단고기』를 읽으면 그 사실을 절감하게 됩니다.

또 '3세 단군 때 강거康居가 반란을 일으켜서 단군이 직접 지백특支伯特을 쳐서 평정을 했다.'는 기록도 있습니다. 지백특을 지금의 티베트로도 이야기하는데 티베트에 가보면 한국 문화의 원형이 그대로 살아 있습니다. 무엇보다 도깨비 문화가 있습니다.

The Xiongnu, Who Inherited Ancient Joseon's Tradition of the Worship of Samsin

The origins of Eurasian nomads can be found in ancient Joseon. Nomadic empires not only ruled Asia, they had a dramatic cultural impact on Europe. The Huns played a major role in the downfall of the Western Roman Empire; and the Mongol invasions of the thirteenth century affected much of Eurasia, fundamentally changing the course of history for Europe and Asia.

Concerning the origin of these nomadic peoples, *Hwandan Gogi* states, "When Sakjeong, the regional ruler of Luliang, committed a crime, he was exiled to Yaksu by the third Dangun. The Dangun later pardoned Sakjeong and designated him the first king of the Xiongnu, who were the northern Huns." It is also written, "The fourth Dangun appointed his brother Osadal as the first Khan of Mongolia." This is an amazing record. Upon visiting Siberia or Europe to investigate history, you will reach the conclusion that the records of *Hwandan Gogi* cannot be false.

It is also recorded in *Hwandan Gogi* that the third Dangun suppressed a rebellion, led by Ganggeo, in the Jibaekteuk region. Jibaekteuk is thought to be the present-day Tibet. In Tibet, many of the elements which belong to ancient Joseon's cultural heritage, especially the symbols of *dokkaebi* (legendary creatures from Korean mythology and folklore), remain alive today.

| 티벳불교 사원의 도깨비 문양. 러시아 아르샨 |

Dokkaebi symbols at a Tibetan-style Buddhist temple (Arshan, Central Asia).

康居叛이어늘 帝討之於支伯特하시니라

강거가 반란을 일으키니 임금(33세 가륵단군)께서 지백특(오늘의 티베트)에서
토벌하셨다. (『단군세기』)

　흉노족(훈족)은 단군조선의 삼신문화를 그대로 계승했습니다. 단군조선
은 왕이 셋입니다. 천자(단군)가 다스리는 진한과 왼쪽, 오른쪽에 부단군이
다스리는 마한, 번한이 있었습니다. 그런데 흉노족도 좌현왕, 우현왕 제
도가 있었습니다.

　몽골에 가니까 몽골의 한 젊은 고고학 박사가 자기는 평생 눈만 뜨면
발굴하러 다닌다고 하면서, 한 2천여 년 전에 흉노족, 지금의 훈족이 지
배를 하던 몽골대륙에서 흉노 무덤이 많이 나오는데, **중앙에 있는 무덤이**
좌우보다 크더라고 설명을 해 줍니다. 중앙에 탱리고도선우撑犁孤塗單于라
하는 대천자가 있고 좌우에 보필하는 두 왕이 있었다고 합니다.

| 겨울궁전의 도깨비 문양. 몽골 울란바토르 |

A *dokkaebi* symbol at the Winter Palace of the Bogd Khan in Ulaanbaatar, Mongolia.

The Xiongnu inherited Joseon's system of governance, which seemed to echo their faith in Samsin ("Triune God"). Ancient Joseon was a country composed of three states. Jinhan, the main state, was ruled by a Dangun, while Mahan, to the east, and Beonhan, to the west, were each ruled by different Vice Danguns. In Xiongnu, there was also a system of rule featuring viceroys governing the western and the eastern regions.

When I visited Mongolia, I met a young archaeologist. He had devoted his life to archaeological excavations. According to him, hundreds of Xiongnu graves have been excavated in Mongolia. He explained that the tomb of a king is typically accompanied by two smaller graves on its left and right sides. Indeed, at the time of the Xiongnu Empire, each king of Xiongnu, who was called 'Chengli Gutu Chanyu' ("Great Son of Heaven" per: *chengli*, "heaven"; *gutu*, "son"; *chanyu*, "greatness"), was assisted by two viceroys governing the western and eastern regions.

중국에 살아 있는 삼신문화

중국의 마지막 왕조인 청나라에도 삼신문화가 있었습니다. 지금 심양에 있는 누르하치 궁전을 가보면 마당 중앙에 누르하치 황제의 자리가 있고 그 좌우에 전각 두 개가 음양 보필로 세워져 있습니다.

그러니까 중국은 역대 왕조에서 몽골족이 세운 원나라뿐만 아니라 만 주족이 세운 청나라까지 유목문화의 전통인 삼신문화를 가지고 있는 것 입니다.

Three-King System of the Huns

단군조선의 삼신三神문화를 계승한 흉노의 좌·우현왕 제도

The Symbols of Triad Alive in China

A similar system of rule existed in the Qing Dynasty, the last dynasty of China. It is evident when you look at the structure of a Qing palace. In the palace of the Emperor Nurhaci in Shenyang, one can see the royal palace of Nurhaci in the center of the court, and there are subordinate buildings on the left and right.

In fact, many of the Chinese dynasties, from the Yuan Dynasty of the Mongols to the Qing Dynasty of the Manchu, seem to have inherited the tradition of the worship of Samsin, a representative quality of Eurasian nomadic cultures.

| 청태조 누루하치 궁궐 | 중국 요령성 심양
Mukden Palace (Liaoning, China), the former imperial palace of the early Manchu-led Qing Dynasty.

Pavilion for the right wing commander
우익왕 전각

Dazheng Hall
대정전

Pavilion for the left wing commander
좌익왕 전각

흉노를 통해 유럽으로 뻗어나간 동방 유목문화

헝가리 쪽에도 이 훈족이 들어왔다고 합니다. 그리고 600년 동안 통일 왕조 비슷하게 유럽에 군림했던 오스트리아, 독일의 합스부르크 왕조의 원 뿌리가 스위스 변방에서 시작되었는데, 그들 문화를 들여다보면 <u>동방 고조선의 삼신문화, 삼수문화, 용봉문화, 도깨비 문화가 다 들어와 있습니다.</u>

그 유물을 살펴보면, 오스트리아 빈에 있는 합스부르크 왕가의 봉황 모양 크리스탈이 백제의 금동향로와 틀이 비슷해서 깜짝 놀라게 됩니다.

합스부르크 왕가 문화에
동방의 삼신(3수) 문화, 용봉 문화, 도깨비 문화가 있다

In the imperial palace of the House of Habsburg, we can find traces of ancient Eastern Asian culture: triad symbols; dragon, phoenix, and *dokkaebi* symbols.

The Influence of Eurasian Nomadic Culture on Europe

In European history, a large area of present-day Hungary was settled by the Huns. The origin of the House of Habsburg, which ruled over Austria and Germany for about six hundred years, can also be traced back to the Huns (the Xiongnu). When we examine European culture, we see traces of Eastern influence, such as triad symbols, sacred creatures like the dragon and the phoenix, and *dokkaebi*.

Let us look at a crystal vase from the imperial collection of the Habsburgs. How amazing it is that there is a great resemblance to the gilt-bronze incense burner of Baekje, a masterpiece of Korean art.

Dragon symbols, which were regarded as sacred emblems in the East, were carved on the tableware of the Habsburg kings.

| 합스부르크 왕가의 봉황 모양 크리스탈 |

A crystal griffin-shaped table ornament from the House of Habsburg.

| 백제 금동대향로 |

A gilded bronze incense burner from Baekje.

왕의 식기에는 용이 새겨져 있습니다. 왕이 이보다 더 거대한 것을 여러 개 세워 놓고 밥을 먹었다고 하는데, 식기 한가운데에 용이 저렇게 양쪽으로 조각되어 있습니다.

　합스부르크 왕가는 18세기 말에 프랑스에서 혁명이 일어나 공화제를 만들고 거기서 나온 나폴레옹에 패하면서 왕조의 힘이 크게 약화됩니다. 또 프로이센 왕국이 합스부르크 왕가에 도전하여 독일의 리더가 되면서 합스부르크 왕가는 독일에서 밀려나 발칸 반도로 눈을 돌리게 되었습니다. 이러한 사정이 결국 1차 세계대전을 낳았던 것입니다. 좌우간 6백 년 이상 유럽의 정치와 문화를 주도했던 합스부르크 왕가의 유물과 문화에서 우리는 <u>유라시아 대륙을 넘나드는 유목문화가 깊이 배어 있음</u>을 알 수 있습니다. 훈족은 4세기 중반에 유럽으로 들어가 동방의 유목문화를 뿌리 내렸습니다.

| 합스부르크 왕가의 대형 황금 그릇 | Golden table ornaments of the House of Habsburg.

The reign of the Habsburgs greatly weakened after the French Revolution and the subsequent rise of Napoleon. As Prussia rose to challenge them for leadership of the German peoples, the Habsburgs turned to the Balkans, which eventually led to the First World War.

Eurasian nomadic empires exerted undeniable influence on the art and architecture of the Habsburgs, who ruled Europe for six hundred years. At the core of European culture, we find everywhere the material and immaterial influences of the steppe empires—especially the Xiongnu. The Xiongnu (the Huns) dominated many parts of Europe (as well as China, India, and Iran) in the fourth and fifth centuries, spreading their culture.

Asia and Europe Ruled by the Huns (Xiongnu)

합스부르크가의 문화를 면밀히 살펴보면 **유럽에도 천자문화가 있었음**을 알게 됩니다. 합스부르크 가문 출신이 로마제국을 계승한 신성 로마제국의 황제 자리에 앉고 나서 나중에 이 왕조의 맥이 단절되는데 바로 여기에 오늘 3부의 결론, 새로운 인류 문명사의 분기점을 이루는 역사 변혁에 대한 최종 결론이 담겨 있습니다.

제3부 '치유와 새로운 비전의 시간'의 말씀 핵심은 **오늘의 인류가 황금시절의 천지광명 문화를 잃어버려서 육신의 두 눈을 감으면 어둠밖에 없**다는 것입니다. 우리는 고대 동방의 원형문화를 잃어버리고 그 악업으로 근대사의 새로운 선언이 왜곡되어서, 인류 역사의식의 근본이 완전히 변형, 왜곡된 불행한 시대에 살고 있습니다.

Investigating the cultural heritage of the Habsburgs, we find that the Europeans also viewed their king as the 'Son of Heaven.' The House of Habsburg occupied the throne of the Holy Roman Empire for many centuries, until the extinction of their male line in 1740. In their demise, by the way, are hidden secrets regarding the approach of a new era. I'll speak about this in the third part of today's speech.

In today's world, humanity has lost its connection to the ancient golden era, characterized by enlightened spirituality. We suffer in darkness and ignorance. Moreover, the ancient history of Korea has been completely forgotten and, as a result, the proclamation of a new era by Korea's Donghak movement does not receive its proper credit. As a result, unfortunately, many of us harbor a seriously distorted view of history.

제3부

치유와
새로운 비전의 시간

이제 오늘 말씀의 결론인 3부는 치유의 시간입니다.

3부의 주제를 간단히 정리하면 서학西學과 동학東學을 동시에 알아야 한다는 것입니다. 서양은 기독교 문명이 근본입니다. 기독교의 역사와 신앙, 진리의 근본을 제대로 이해하지 못하면 우리는 서양문명의 심장부를 들여다볼 수 없습니다. 유학이 지배했던 근세조선에서는 기독교를 서학이라고 했습니다.

한편 1860(경신)년 음력 4월 5일에 경주 최씨, 최수운 대신사가 하느님과 직접 문답을 했습니다. 그것이 천상문답 사건입니다. 이때 이분이 상제님으로부터 '앞으로 오는 새 시대를 선언하라.' 하는 천명을 받습니다. 여기서 동학이 나온 것입니다. 그럼 왜 동학인가? 동학東道도 아니고 동교東教도 아니고 말입니다. 그것은 '도道와 교教를 함께 배워서 도의 이상세계를 성취하는 사람이 되는 공부다.' 해서 동학입니다.

| 최수운 | 1824~1864
상제님과 최수운의 천상문답사건 : 1860(경신)년 음력 4월 5일 수운은 우주의 통치자 하느님, 상제님과 문답을 통해 도통을 받아 동학을 창도했다.

Choe Su-un (1824-1864). The founder of Donghak.

A Time of Recovery

Now, we come to the third part of this discourse, the time of recovery. It is time to share a vision of a new civilization. To begin this part, we need to know two major religions of the world: Seohak ("Western Learning") and Donghak ("Eastern Learning").

The term 'Seohak,' or 'Western Learning,' has been used by Asian Confucian scholars to refer to Abrahamic religions. It is not too much to say that Western civilization was built largely on Abrahamic religions. Without understanding the history and teachings of these religions, we cannot really understand Western civilization.

Meanwhile, 'Donghak' or 'Eastern Learning' refers to the Korean religious movement in the late nineteenth century. On the fifth day of the fourth lunar month, 1860, a Korean man named Choe Su-un from Gyeongju attained enlightenment and received from Sangjenim, the Supreme Ruler in Heaven, a revelation that he should "herald the coming new world." Choe Su-un became the founder of Donghak, and the goal of Donghak was to bring to pass a new world.

서양 제국주의가 기독교를 내세워 아프리카를 삼키고 동양의 맨 끝자락까지 쳐들어오면서 동방의 실체를 왜곡했습니다. 그것이 오리엔탈리즘입니다. 오리엔탈리즘의 결론이 동방문화는 샤머니즘, 무속문화라는 것입니다.

그래서 오늘날 대한민국의 보통 젊은이들, 문화인들, 종교인들이 모두 여기에 감염되어 '장독대에 청수 올리고 기도하는 우리 문화는 샤머니즘이다. 미신이고 무속이다. 그것은 다 부숴버려야 한다. 그게 근대화다.'라고 굳게 믿고 있습니다.

한국인은 지금 동방 원형문화인 신교, 삼신문화를 잃어버리고 하느님의 본래 호칭인 '상제上帝'를 잃어버렸습니다.

환단 시대인 환국·배달·조선 문화는 삼신문화이고, 삼신과 음양 짝이 되는 것이 칠성문화입니다. 인간의 육신을 구성하게 해 주는 생명의 기운이 우주의 성스러운 별, 북두칠성北斗七星에서 옵니다. 이 칠성문화는 동서양에 다 있습니다.

In East Asia, the Big Dipper is seen as the source of human life.

인간의 육신을·구성하는
우주의 성스러운 별

Unfortunately, when Western imperialism colonized countries from Africa to the East Pacific islands under the banner of Christianity, indigenous religions like Donghak were depicted as shamanism or primitive faith. As a consequence, most young Koreans, infected with this flawed way of seeing the East as inferior to the West, think: "Our parents and grandparents would place on an altar a bowl of water for prayers. This is only a superstition or shamanism. Thus, such an outdated practice must be completely abolished. This is the path of modernization."

Donghak has its roots in Spirit Teaching, which was an ancient Eastern Asian tradition and the source of all religions. In Spirit Teaching, people worshipped the Supreme Being in Heaven (Sangjenim). However, Koreans today have lost this tradition of Spirit Teaching, and they have also forgotten about Sangjenim, the Supreme Ruler who, as one with Samsin ("Triune Spirit"), governs the entire universe from the Seven Stars.

The Seven Stars, known in the West as the Big Dipper, are the sacred stars believed to be the source of human life. The worship of the Seven Stars has prevailed in both the East and the West. People believed that the Supreme Ruler resides within the Seven Stars.

‘하느님의 궁전’은 천상의 북두칠성에 있습니다. 그래서 ‘하늘의 궁전에 계신 하느님과 나의 조상과 함께 나는 언제나 한마음으로 살리라. 내 마음은 내 영혼과 육신의 고향, 저 천상의 하느님의 별, 칠성을 향하노라.’ 하는 믿음과 서원으로 성인식을 치르며 머리 위에 상투를 꽂습니다. 5,500년 전의 제사장인 왕들의 무덤을 보면 머리 해골 위에 상투를 꽂은 옥고玉箍가 나옵니다. 북방 유라시아 대륙에 있는 흉노족 무덤에서도 그것이 나옵니다.

 하지만 우리는 진리를 체득해서 인간의 몸에 깃든 신성을 발현시켜 살아있는 우주, 살아있는 광명, 살아있는 신으로 사는 진리 체계, 원형문화의 수행법을 잃어버렸습니다! 환단桓檀 시대, 천지 광명문화 시대의 인간관, 신관, 우주관, 역사관 그 모든 것을 잃어버린 것입니다. 우리 조상들이 정화수를 떠놓고 칠성님께 기도하는 문화는 미신이 아니라 하느님 문화의 원형입니다. 그러나 우리는 동방 7천 년 원형문화 역사시대의 삼신칠성 문화를 다 잃어버렸습니다.

Topknots were worn on the head as a means to always remind themselves that they were given their life by the Seven Stars, the abode of the Supreme Ruler. [Note: The topknot was called a 'sangtu' in Korea. The word 'sangtu' came from 'Sangdu,' the Korean term for the North Stars (aka 'the Seven Stars').] People who adopted topknots during their coming-of-age ceremonies took a pledge, "I vow to live with my mind always attuned to the great spirits in the Seven Stars, the eternal home of my body and soul." Jade topknot binders are being discovered at many archaeological sites. Some were found on the heads of skeletons in the tombs of the priest-kings of 5,500 years ago. Some were excavated in the tombs of the kings of the Xiongnu (the Huns).

Ancient cultures seem to have practiced common spiritual traditions. According to *Hwandan Gogi*, people in the ancient world traditionally made water bowl offerings and prayed to Samsin, Sangjenim, and the Seven Stars. This is not a superstition, but a spiritual heritage that we must cherish and develop. However, we have lost all the valuable teachings about humanity, God, and the cosmos taught in the period of Hwanguk, Baedal, and Joseon—the age of enlightened spirituality. We have also lost the original meditation method of these cultures, by which we could recover the full divinity in our body and soul, to ultimately exist as a living god, as a living light, as a living universe itself.

| 인도 불상 |

A Buddha statue from India.

| 중국 병마용 |

A clay soldier buried with China's
first emperor, Qin Shi Huang Di.

| 아즈텍 전사 |

Aztec warriors.

| 마야 인형 |
A Mayan figurine.

| 고구려 씨름도 |
Wrestlers in a Goguryeo painting

| 아카드 사르곤 2세 |
Sargon II on an
Assyrian stele.

| 우하량 제2지점 1호 적석총 유골 |
A skeleton excavated in
Niuheliang.

| 북미 인디언 |
A Native
American
man.

유대족 역사 속의 삼신칠성 문화

　서양문화의 근원을 가보면 **기독교의 원형 뿌리가 수메르 문명**인데, 수메르인들은 6천 년 전 자신들이 천산天山, 하늘산을 넘어왔다고 합니다. 이후 수메르 도시국가가 우르를 비롯해서 한 10여 개가 세워졌습니다.

　4천 년 전 우르에 살던 기독교 믿음의 시조, 구약의 아브라함은 하느님의 말씀을 듣고 자기 아버지와 형제들을 데리고 북방으로 갔다가 지금의 가나안 팔레스타인으로 들어갔습니다.

　서양문명의 근원이 이스라엘 신앙문화입니다. 지금의 천주교, 개신교, 이슬람이 다 여기서 온 것입니다.

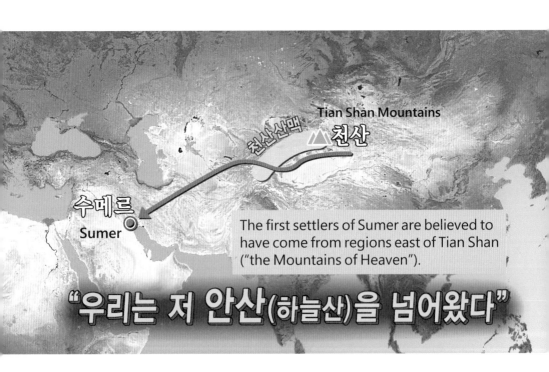

Tian Shan Mountains 천산

천산산맥

수메르
Sumer

The first settlers of Sumer are believed to have come from regions east of Tian Shan ("the Mountains of Heaven").

"우리는 저 안산(하늘산)을 넘어왔다"

A Brief Overview of the History of Western Learning

Western Learning originated in Sumer.

Sumer was a civilization founded by people who migrated from regions east of Tian Shan, the mountain ranges of Central Asia. Sumer was later divided into many independent city-states. Around four thousand years ago, in one of its city-states, Ur, was born Abraham, the progenitor of the Western religions. When the state was threatened with destruction by war, Abraham, with his father Terah and their households, left Ur, finally settling in the land of Canaan. This marked the birth of Israel. The land of Israel is where the Judeo-Christian religions were born. The origin of Western civilization lay in the religious culture of ancient Israel.

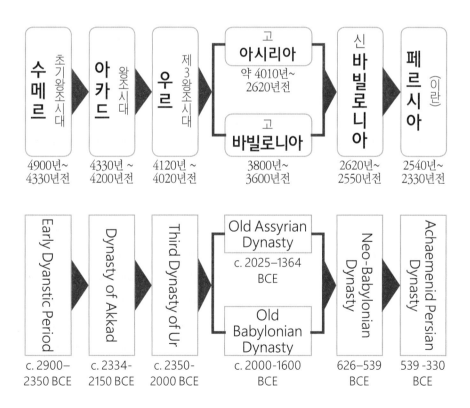

아브라함의 자손들이 이집트로 가서 4백 년 이상 이집트인들의 종으로 살다가 모세의 지휘 아래 이집트를 탈출하여 유대 땅으로 돌아와 정착합니다. 그런데 모세 이후 5백 년 세월이 흘렀지만 팔레스타인에 살던 여러 이민족들의 침략을 계속 받게 됩니다. 그래서 이렇게는 도저히 못 살겠다 해서 "우리에게 왕을 세워주옵소서!" 하고 기원을 했습니다. 그렇게 해서 나온 최초의 왕이 사울입니다. 그 후에 용사이자 시인으로 유명한 왕 다윗이 나왔고 이 다윗의 아들이 예루살렘 성전을 세운 왕, 솔로몬입니다.

　솔로몬 왕 때 이스라엘은 번영을 누렸다고 합니다. 예루살렘 성전도 이때 호화롭게 지어졌죠. 그러나 성전을 짓느라 너무 백성들을 쥐어짰는지 그의 사후 이스라엘은 남북의 두 왕국으로 나뉘어졌습니다.

　그리고 결국 북왕국은 아시리아 제국에 의해 망하고 남왕국은 바빌론 제국에 의해 멸망합니다. 그래서 많은 유대인들이 포로로 멀리 떨어진 바빌론까지 끌려가게 되는데 이것이 바로 바빌론유수幽囚입니다.

The route of Abraham's journey from Ur to Canaan.

Over a thousand years after Abraham, the Jews were living as slaves in Egypt. Their leader was the prophet Moses. Moses led the Jews out of slavery in Egypt and to the land that God had promised them. However, for five hundred years after Moses, the Hebrews were constantly attacked by foreign enemies. They could no longer endure this situation and prayed to God to send them a king. The first king was Saul. His successor was King David the Wise, whose son was King Solomon.

King Solomon, however, wanted to build a huge temple, imposing a burden on the people. For these and other reasons, the country finally collapsed. The land of the Hebrews was divided into two, the Southern and Northern dynasties, and the Hebrews were displaced and finally herded as exiles to Babylon thousands of miles away. This was 'the Babylonian captivity.'

사울 King Saul

다윗 King David

솔로몬 King Solomon

The Kingdom of Israel was divided into the Kingdom of Judah in the south and the Kingdom of Israel in the north (928 BCE).

이스라엘은 솔로몬 사후
남북 왕조(남 유다·북 이스라엘)로
나뉨(BCE 928)

이스라엘
Israel

Ammon
암몬

블레셋
Philistines

유다
Judah

모압
Moab

이때 유대인들은 바빌론에서 놀라운 천상궁전을 보게 됩니다. 바빌론의 왕 네부카드네자르 2세가 왕비의 향수병을 달래기 위해 지은 거대한 공중정원! 아마 인류 역사에서 이렇게 멋진 정원을 만든 적이 없을 것입니다. 잠깐 한 번 볼까요? 상생방송에서 수십 번을 틀어줬습니다.

During this period, the Hebrews could witness the wonderful Hanging Gardens of Babylon. This colossal garden was ordered built by Nebuchadnezzar II, the King of Babylon, for his queen, who longed for her homeland. This superbly beautiful garden was unprecedented in world history. Let us take a look at a video clip. It has already been broadcast several times on STB (a South Korean television network based in Taejeon City).

The Hanging Gardens of Babylon.
– Episode 3, *The Great Babylon*
(EBS, 2013).

EBS 〈위대한 바빌론〉
제3부 '공중정원' 中

전체 조감도

2층

1층

여기 보면 원시 피라미드의 원형인 지구라트가 나오는데 그게 꼭대기
신전까지 일곱 단으로 되어 있습니다. 칠성 문화로 말이죠.

| 일곱 단으로 된 마르둑 신전 |
The Babylonian ziggurat dedicated to the god Marduk.
It had seven multicolored tiers.

EBS 〈위대한 바빌론〉 제3부 '공중정원' 中

Here you see a ziggurat, which was the prototype of the Egyptian pyramids. It consists of seven levels ascending the temple to the top platform. The Babylonian faith in the Seven Stars is evident in the structure of their ziggurats.

칠성문화

7

6

5

4

3

2

1

| 이슈타르문에 장식된 신상神像 부조들 |
Symbolic representations of gods on the Ishtar Gate.

우리가 독일의 페르가몬 박물관을 가보면, 처음 이슈타르 문을 탁 열고 들어가지 않습니까? 바빌론의 북문을 다 뜯어왔는데 거기 보면 아주 신비스러운 동물들이 새겨져 있습니다.

보통 사진이나 책으로 봐서는 모르고 현장에 직접 가서 보면 그게 용의 피부처럼 돼 있는 걸 알 수 있습니다. 타르에다가 색을 입힌 것입니다.

If you visit Berlin's Pergamon Museum, you can see the Ishtar Gate on display. The gate was actually the northern gate of Babylon, and was completely dismantled and sent to Germany. Many mysterious animal symbols are carved on it. Looking at the surface of these relief sculptures, you will notice that the skin of the creature looks like the skin of a dragon. The reliefs have been dyed with tar.

그리고 이슈타르 문에는 생명나무도 그려져 있습니다. 그 나무의 줄기가 셋이고 이파리도 셋으로 돼 있습니다. 삼수三數문화입니다. 이처럼 **바빌론의 문화에도 삼신과 칠성문화가 있는 것입니다.**

유대 역사 속에도 삼수문화가 있습니다. 유대 역사는 아브라함, 이삭, 야곱 3대로 출발했습니다. 유대족의 하느님 야훼신이 항상 선언하기를 '나는 아브라함의 하느님이요, 이삭의 하느님이요, 야곱의 하느님이다.'라고 했습니다. 이스라엘 민족의 하느님, 이스라엘 민족의 삼신이라는 말입니다.

동방의 원형문화를 간직한 수메르 문명에서 유대문화가 갈려 나갔기 때문에 유대의 역사와 문화에서도 삼수 칠성문화가 드러나는 것입니다. 또한 유대족은 아시리아, 페르시아, 바빌로니아, 그리스, 로마 등 강대국의 침략을 받고 식민지 생활을 해 왔습니다. 그래서 이스라엘이라는 국가의 실제 존속기간은 짧게 잡으면 약 600년, 길게 잡아도 한 700년밖에 되지 않습니다.

The Tree of Life has also been painted on the Ishtar Gate. The tree has three branches and each branch has three leaves. Here we see the traces of the Babylonian faith in Samsin ("Triune God").

In sum, the history of the Jews began with the three patriarchs: Abraham, his son Isaac, and Isaac's son Jacob. The God of the Jews, Jehovah, declared in referring to himself, "I am the God of Abraham, and the God of Isaac, and the God of Jacob."

| 이슈타르문의 생명의 나무 |
줄기와 잎이 모두 3수로 구성. "삼수문화"

The Tree of Life on the Ishtar Gate. The branches
and leaves of the tree are tripartite.

3

3

서양 제사장 문화의 상징, 멜기세덱의 원형은 웅상문화

그런데 바이블의 시편과 히브리서에 아주 중대한 선언이 있습니다.

* 야훼께서 이르시기를… 너는 멜기세덱의 반차를 좇아 영원한 제사장이라 하셨도다. (시편 110:4)
* 그가 아들이시라도 받으신 고난으로 순종함을 배워서 온전하게 되었은즉 자기를 순종하는 모든 자에게 영원한 구원의 근원이 되시고 하나님께 멜기세덱의 반차를 좇은 대제사장이라 칭하심을 받았느니라. (히브리서 5:8-10)

  그리스도는 멜기세덱의 계보를 이은, '신과 인간을 중재하는 영원한 제사장'이라는 말입니다. 멜기세덱은 아버지가 전혀 언급되지 않은 수수께끼의 인물입니다. 그러니까 기독교 문화의 원형은 "아비도 없고 어미도 없고 족보도 없고 시작한 날도 없고 생명의 끝도 없어 하나님의 아들과 방

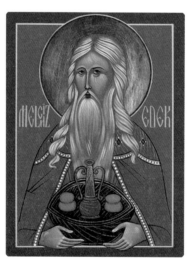

| 그리스도 문화의 원형인 멜기세덱 |
Melchizedek is considered to be the prototype of Christ.

The Root of Christianity

In "Psalm" in the Old Testament, and in "Letter to the Hebrews" in the New Testament, is described an important event: Jehovah said to Jesus, "You are a priest forever, in the order of Melchizedek." This means Jesus, as a successor of Melchizedek, became an intercessor between God and men, the priest of the most high God.

Melchizedek was an enigmatic person whose father does not appear in any records. "Letter to the Hebrews" states, "[He is] without father, without mother, without genealogy, having neither beginning of days nor end of life, but made like the Son of God, remains a priest continually" (Hebrews 7:3). It seems this important fact of Jewish history has been left entirely out of the record.

(멜기세덱)그가 아브람에게 축복하여 이르되 "천지의 주재시요 지극히 높으신 하나님이여 아브람에게 복을 주옵소서…" (「창세기」 14:19~20)

"Then Melchizedek king of Salem brought out bread and wine. He was priest of God Most High, and he blessed Abram, saying, 'Blessed be Abram by God Most High, Creator of heaven and earth. And praise be to God Most High, who delivered your enemies into your hand.'" - Genesis 14:18-20.

불하여 항상 제사장으로 있느니라."(히브리서 7:3)라는 선언에서 온 것입니다. 아버지, 어머니가 없는 사람이 어디 있습니까? **기록자들이 이스라엘 역사의 뿌리, 유대족 역사의 실체를 없애버린 것**입니다.

유대족, 이스라엘 역사의 뿌리가 거세되어있지만, <u>그리스도 문화는 멜기세덱 문화의 틀 속에서 전개</u>되었습니다. 아브라함이 자기 친족 롯을 구하기 위해 전쟁에 나가서 승리를 하고 돌아와 만난 사람이 제사장이자 살렘 왕인 멜기세덱이었습니다. 멜기세덱은 떡과 포도주를 가지고 나와 지극히 높으신 하느님의 이름으로 아브라함을 축복합니다. 이날 아브라함은 전리품의 십 분의 1을 멜기세덱에게 바칩니다. 이것이 십일조 문화의 기원입니다.

<u>**아브라함의 후손, 예수도 서양 제사장 문화의 원형인 멜기세덱을 계승하여 제사장이 되었습니다.**</u> 멜기세덱은 인류 원형문화 시대 때 평화의 왕이며 정의로운 왕이자 영원한 제사장의 표상이 되는 인물입니다. 서양의 제사장 문화인 멜기세덱 문화가 지구촌 전역에 다 있는데, 이 **멜기세덱 문화의 원형은 바로 6천 년 전 지구의 창세 역사 문화 시대인 환국을 계승하여 신시배달국을 세운 환웅의 웅상 문화**입니다. 웅상은 '환웅은 언제나 우리와 함께 하신다'는 의미입니다. 환웅은 제사장과 왕을 겸한 분으로 <u>제사장과 왕 문화의 근원이 환웅</u>입니다.

그런데 서학 즉 기독교가 제국주의의 모습을 띠고 동방에 들어올 때, 우리 동방문화가 왜곡되어 서양에 잘못 소개되기 시작했습니다. 이에 대해 1차 결론을 내린 것이 바로 동학입니다. 동학은 지구촌이 한 가족문화로 태어날 수 있는 새 역사시대를 선언했습니다. 그래서 동학이 인류 근대사의 진정한 출발점이 됩니다.

Although the history of Melchizedek has been left out of Jewish history, it had a great influence on the development of their religion. According to "Letter to the Hebrews," Melchizedek met Abraham returning after defeating an enemy in battle and blessed him. Abraham offered him tithes of booty from the war, and this became the origin of the modern practice of church tithing.

While Melchizedek was both a king and a priest, Jesus was a priest but not a king. Jesus was a priest who taught humanity how to become sons and daughters of God. In the New Testament, Jesus is referred to as the 'Son of God.' When Jesus asked his disciples who they believed him to be, Peter answered, 'I believe that you are the Son of the living God.' For this reason, Peter is promised that he will receive the keys of the kingdom of heaven.

In sum, Melchizedek was a "king of righteousness" and a "king of peace," who was, and will forever be, an exemplar of a high priest. In a way, he played a similar role as Hwanung, his predecessor in East Asia. Researching the lost origins of human civilizations, I developed a strong conviction that the origin of high priests or priest-kings was Hwanung and that reverence for him has always existed around the world.

So far we have talked about the history of Western Learning. When Western Learning was first introduced to the East as a tool of Christian imperialism by the Western colonial powers, Eastern culture was also introduced to the Western countries, but in a distorted way. Some of the most important distortions that we must correct concern Donghak, Eastern Learning.

왜곡된 동학의 3대 주제

그럼 동학이 선언한 새 역사의 주제는 무엇일까요?

최수운 대신사가 1860년에 새로운 근대사 선언을 했습니다. 그것이 동학의 3가지 핵심 메시지입니다.

첫째 주제는 무엇인가?

수운은 도통을 받을 때 천주(상제)님으로부터 이런 메시지를 선언하라는 천명을 받습니다.

"시천주조화정侍天主造化定 영세불망만사지永世不忘萬事知."

이것은 '앞으로 천주님을 모시고 조화를 정하는 조화문명 시대가 오는데 하느님의 마음을 모든 사람이 체험하고 도통문화를 생활화하는 그 은혜를 영세토록 잊지 못하옵니다.'라는 뜻입니다. 하느님 아버지가 직접 설계하시고 건설하시는 새로운 인류 문명, 바로 그것이 시천주조화정의 조화문명입니다. '앞으로 이런 조화문명이 활짝 열린다.'는 것이 동학의 메시지입니다.

侍天主	천주님을 모시고
造化定	조화를 정하는 조화문명시대가 열린다
永世不忘萬事知	천지만사를 도통하는 큰 은혜를 영세토록 잊지 못하옵니다

둘째, '지금까지의 인류문화는 우주 봄여름철의 선천 문화이고, 앞으로는 우주의 가을문화 시대가 열리는 후천 세상이다.' 이것을 선언하고 있습니다.

"십이제국 괴질운수 다시개벽 아닐런가." (『용담유사』)

이 말씀은 '지구촌 동서 대국이 괴질 병란을 당하여 인류 문명이 새로운 문명으로 전환을 한다. 이것이 다시 개벽이다.'라는 말입니다. 실질적인

The Message of Eastern Learning (Donghak)

Donghak, founded in 1860 by Choe Sun-un, was a movement which heralded Korea's modern history. This movement can be seen as a continuation of Korea's indigenous spiritual tradition, which had been practiced since time immemorial, featuring the worship of the Supreme Being in Heaven (Sangjenim). Let's briefly take a look at the teachings of Donghak.

The Donghak followers practiced meditation with the Sicheon-juju Mantra, which Choe Sun-un is said to have received from Sangjenim when he attained enlightenment. This mantra begins with the utterance of the thirteen syllables "*Si-cheon-ju Jo-hwa-jeong Yeong-se-bul-mang Man-sa-ji,*" which translate as: "Serving the Lord of Heaven [Sangjenim] who determines the destiny of the Immortal Paradise of Creation-Transformation, I will never forget, throughout all eternity, his infinite grace of bestowing enlightenment into all matters." This alludes to the arrival of the paradise on earth, introduced by Sangjenim who comes to the earth.

The key message of Donghak was *gaebyeok* ['a shift of the cosmic order']. Donghak warned that the world would go through a great transition after being struck by the mysterious disease. It is written in Donghak's scriptures: "The fate of the mysterious disease spreading across the entire world—is this not once again *gaebyeok*?" According to Donghak, a great shift of the order of the universe and of the order of human civilization was impending.

Donghak's scriptures teach: "Cultivate and purify yourself with the Supreme Dao of Mugeuk and the destiny of the next fifty thousand years will be yours." The 'Supreme Dao of Mugeuk' refers to the dao of Sangjenim, whom people have worshipped since the beginning of human history. Donghak proclaimed that a new era was about to arrive after a great shift of the cosmic order, and that this era would be ushered in by Sangjenim, the Supreme Being in Heaven, who would be

근대사의 선언인 동학의 주제에서 가장 중요한 것은 개벽입니다. 역사가 개벽된다! 문명의 질서가 바뀐다는 것입니다.

그럼 어떻게 바뀌는가?

셋째, "무극대도 닦아내니 오만년지 운수로다."

그러니까 '동방 한민족이 9천 년 동안 섬겨왔던 천제 문화의 원 주인공인 우주의 통치자, 상제님이 동방 땅에 강세하시고, 그분의 무극대도 진리가 나와서 앞으로 인류 문화는 아버지 문명 시대, 성부님 시대로 들어간다.'는 것입니다.

이것이 동학의 3대 핵심 선언입니다. 그런데 이게 다 왜곡되었습니다.

동학은 유교식으로 해서 천도교天道敎라고 왜곡되고, 시천주는 인내천人乃天으로 변질되었습니다. 교과서에 동학의 핵심 교리가 전부 인내천이라고 되어 있어 사람들이 시천주를 모릅니다. 그리고 천주님을 무신론적인 비인격신으로 해석했습니다.

천주天主는 문자 그대로 천지의 주인, 하늘의 주인입니다. 2천 년 전에, 세례요한이 요단 강에서 "천국이 가까이 왔나니 회개하라!"고 외쳤는데, '서학에서 외친 천국이 이제 동방 땅에서 성취되는, 역사의 새로운 바람이 일어난다.' 이것이 동학의 선언입니다. 그러니까 '앞으로 인류 문화는 하나님의 아들 시대가 아니라 하나님 아버지 시대, 성부시대로 들어가기 시작한다.'는 것입니다.

born as a man.

Unfortunately, however, these important messages of Donghak are not very well known to public. Instead, most people have serious misconceptions about Donghak. For example, Donghak and Cheondoism are widely considered to be the same religion, when in truth Cheondoism is just a small denomination of Donghak. Many mistake Cheondoism's message "humans are heaven" for Donghak's main message because school textbooks teach false information. Donghak's main message was, in fact: "Sangjenim, the Supreme Being in Heaven, would incarnate into this world."

According to Donghak, a new era is about to dawn. In Christian terms, the reign of God's heavenly kingdom on earth will begin. The age of the Son of God is about to end; the new era of God the Father has dawned.

참동학의 핵심 가르침

동학은 그 뒤 조선 왕조가 망할 때 농민 동학군 60만이 조직됐는데, 그 가운데 30만이 조선 관군과 일본 특수부대에 의해 참혹하게 죽습니다. 이어 의병이 일어나고, 조선의 황후가 일본인에 의해 무참하게 죽고 나서 고종이 나라 이름을 조선에서 대한제국으로 바꾸었습니다. 그리고 13년 만에 그 근대국가는 무너져 버립니다.

그런데 동학군 60만이 패망당한 뒤 그 뒤를 계승해서 20세기 초엽에 **항일운동과 독립운동 자금의 사령탑인 보천교**가 일어났습니다. 조선총독부와 미국 국무성의 기록을 보면, 이 **보천교의 참동학군 수가 600만**이라고 했습니다. 이 문서가 지금도 남아 있습니다.

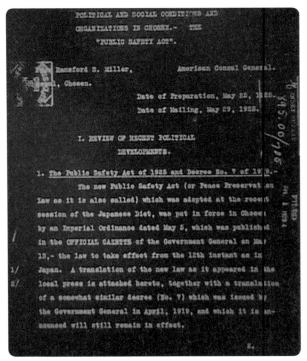

| 보천교 6백 만 신도를 밝힌 미 국무성 밀러 보고서 |

A document from the US State Department stating
that Bocheon-gyo had more than six million followers.

Jeung San Do as Donghak

In the late Joseon Dynasty, 600,000 Donghak rebels were organized into an armed rebellion. However, 300,000 people were cruelly killed in the struggle against the coalition army of governmental forces and Japanese troops. In the following years appeared righteous armies, informal civilian militias that fought against the Japanese invaders. In 1895, the Queen of Joseon was brutally murdered by Japanese assassins. In 1897, King Gojong changed the name of Joseon to 'the Great Han Empire' and declared himself an emperor. But the empire soon met its demise in 1910, when Japanese colonial rule over Korea began.

While Korea was under Japanese rule, Donghak revived as a movement called 'Bocheon-gyo,' (an early form of Jeung San Do). According to documents of the Governor-General of Korea and reports from the US State Department, Bocheon-gyo had as many as six million followers. The pertinent documents are still available.

| 보천교普天敎 성전 |
20세기 초 전라도 정읍에서 일어
난 보천교는 당시 항일독립운동의
중요한 자금 조달처였다

Bocheon-gyo's headquarters in Jeongeup, Jeolla Province, Korea.
At the beginning of the twentieth century, Bocheon-gyo (an earlier form of Jeung San Do) played an important role in financing the independence movement against Japan.

당시 연구 자료를 보면 항일운동을 한 것이 기독교와 천주교는 다 합해야 25건인데 이 참동학군은 147건입니다. 그런데 근대사가 기독교 중심으로 정리되면서 우리 한민족의 본래 종교, 원형종교, 순수종교는 찬밥 신세가 된 것입니다. 한국인조차도 이러한 진실을 모릅니다.

1920~1940년 항일운동 기사 (『보천교의 물산장려운동』, 안후상)

단체명	기독교	천주교	불교	유교	천도교	보천교	태을교	훔치교
항일기사 건수	23	2	18	15	32	83	9	55
합계	23	2	18	15	32	147		

그러면 참동학의 가르침은 무엇인가?

『환단고기』에 나오는 환국의 원형문화 정신을 바탕으로 우주의 통치자 상제님을 섬겨온 한민족 문화권에서 근대 역사의 출발점인 19세기 후반에 나온 위대한 새로운 선언이 '우주의 통치자 상제님이 동방 땅에 오셔서 새로운 진리를 열어주신다.'는 것입니다.

그러면 상제님께서 열어주신 새로운 진리는 무엇인가?

우주가 12만9천6백 년을 한 주기로 순환을 하므로 인간의 역사도 순환을 합니다. 이 우주 일 년, 12만9천6백 년을 봄여름 선천과 가을겨울 후천으로 나눕니다. 우주의 겨울인 빙하기가 지나고 5만 년 전 우주의 봄철에 지구에는 크로마뇽인이 나왔습니다. 그리고서 4만 년이 지난 1만 년 전에 환국桓國이 나오고 배달, (단군)조선, 그 다음에 북부여, 고구려(사국 시대), 북쪽의 발해 즉『환단고기』에서 말한 대진과 남쪽의 통일신라(남북국 시대), 고려, (근세)조선, 그리고 지금 아홉 번째 대한민국 남북 분단 시대를 맞고 있습니다. 이 남북 분단 시대에서 이제 열 번째 나라로 들어가게 됩니다. 『천부경天符經』에서 일적십거一積十鉅라 하였듯이 열 번째 새로운 역사

Bocheon-gyo played an important role in financing the anti-Japanese independence movement. According to a report by the *Joseon Daily*, the number of anti-imperialist activites originating in the Protestant churches and the Catholic Church stood at twenty-five; however, according to records, Bocheon-gyo and other earlier forms of Jeung San Do originated 147 anti-imperialist protests. But this fact is not very well known to the public.

The Number of Articles on Anti-Japanese Incidents (1920-1940)
Reported in The Chosun Daily

Group	Number of Protests
Protestantism	23
Catholicism	2
Buddhism	18
Confucianism	15
Cheondoism	32
Bocheon−gyo	147

From the twentieth century onward, Donghak has continued to pursue its goals through Bocheon-gyo and Jeung San Do. We are now nearing the conclusion of today's discourse. At this stage, let's take a brief look at the teachings of Jeung San Do.

Modern humans appeared on earth about fifty thousand years ago. Approximately forty thousand years after this, the history of Hwanguk began. After the decline of Hwanguk, Korea historically saw a succession of dynasties and kingdoms rise and fall: from Baedal to ancient Joseon, North Buyeo, the Four Kingdoms (Goguryeo, Baekje, Silla, and Gaya), the North and South Kingdoms (Balhae and Silla), Goryeo, the Joseon Dynasty, and finally Korea. Korea has now been divided into two: South Korea and North Korea. And now, we are facing the coming of a new era. Donghak foretold in the late nineteenth century

시대가 펼쳐지는 것입니다. 이것을 동학과 참동학에서는 '선천이 지나고 가을우주 역사시대인 후천이 오는 것'이라고 하는 겁니다.

'지금은 우주의 봄여름 철을 마무리 짓고 가을우주로 들어가는 때다. 이제는 가을 우주 역사 시대다.' 이것이 상제님의 가르침을 받은 동학과 참동학의 선언입니다.

그러면 여름에서 가을로 갈 때 무엇을 준비해야 할까요? 우선 가을을 맞이해야 되잖습니까? 여름에서 가을이 되면 "아, 바람이 너무 차다." 하고 옷을 새로 갈아입습니다. 그것처럼 문명의 옷, 생활문화, 신앙 등 모든 삶의 양식을 바꿔야 하는 것입니다.

여름에서 가을로 갈 때 인류의 삶에서 가장 크게 브레이크가 걸리는, 인류가 극복해야 할 중대한 과제가 있습니다. 그것이 무엇일까요?

앞으로 동학에서 예고한 12제국 괴질운수, 즉 온 지구촌에 병란이 닥친다는 것입니다. 왜 병이 오는 것인가? 그것은 춘생추살春生秋殺, 봄에 천지에서 낳고 여름에 길렀다가 가을이 되면 추살로 그 위엄을 떨치는 천지이법 때문입니다. 가을이 되면 한 번 싹~ 정리를 해서 거기서 실제 열매 종

Timeline of Korean History	Hwanguk (7197-3897 BCE)	
	Baedal (3897-2333 BCE)	
	Joseon (2333- 238 BCE)	
	North Buyeo (239-58 BCE)	
	Goguryeo (58 BCE - 668 CE)	• Baekje • Silla • Gaya
	Daejin (668-926)	• Later Silla
	Goryeo (918-1392)	
	Joseon (1392-1910)	
	Republic of Korea (1948-)	• DPRK

that the Supreme Being in Heaven would come to earth to lead the world's people into this new era.

In Jeung San Do, this new era is referred to as the 'Later Heaven' or the 'Autumn World.' According to the Jeung San Do cosmology, the universe moves in a cycle of 129,600 years (this is called a cosmic year), and the human world also changes in keeping with this cycle. The first half of the cycle is called the 'Early Heaven' or 'cosmic spring and summer,' and the latter half is called the 'Later Heaven' or 'cosmic autumn and winter.' We are now living in a time when the cosmic summer is about to end and the cosmic autumn approaches.

When the seasons change from summer to autumn, the weather turns colder and you dress accordingly. At the time of the cosmic autumn, we must change our lifestyle in all regards. In this time of the transition from summer to autumn, there will be a momentous event that will completely transform our life—a huge obstacle to the survival of humankind.

Donghak forewarned about 'the fate of the mysterious disease spreading across the entire world.' The disease is destined to break out because autumn is the time of harvest. Autumn is the time when the

우주 1년 창조 이법 : 선·후천 개벽 운동

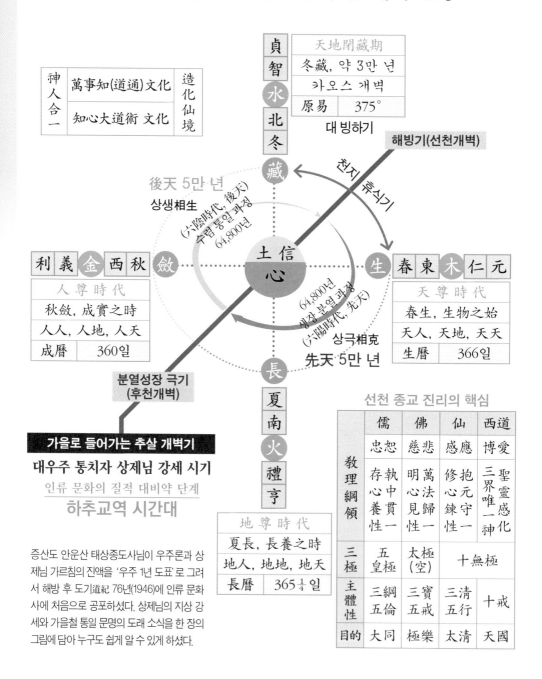

神人合一	萬事知(道通)文化	造化仙境
	知心大道術 文化	

貞 智 水 北 冬 藏

天地閉藏期	
冬藏, 약 3만 년	
카오스 개벽	
原易	375°

대 빙하기

해빙기(선천개벽)

천지 후식기

後天 5만 년
상생相生

(六陰時代, 後天)
수렴 통일 과정
64,800년

土 信 心

64,800년
생장 분열 과정
(六陽時代, 先天)

利 義 金 西 秋 斂

人尊時代	
秋斂, 成實之時	
人人, 人地, 人天	
成曆	360일

生 春 東 木 仁 元

天尊時代	
春生, 生物之始	
天人, 天地, 天天	
生曆	366일

상극相克
先天 5만 년

長 夏 南 火 禮 亨

분열성장 극기
(후천개벽)

가을로 들어가는 추살 개벽기
대우주 통치자 상제님 강세 시기
인류 문화의 질적 대비약 단계
하추교역 시간대

地尊時代	
夏長, 長養之時	
地人, 地地, 地天	
長曆	365¼일

선천 종교 진리의 핵심

	儒	佛	仙	西道
教理綱領	忠恕	慈悲	感應	博愛
	存心養性	執中貫一 明心見性	修心鍊性 抱元守一	聖靈感化 三界唯一神
三極	五皇極	太極(空)		十無極
主體性	三綱五倫	三寶五戒	三清五行	十戒
目的	大同	極樂	太清	天國

증산도 안운산 태상종도사님이 우주론과 상제님 가르침의 진액을 '우주 1년 도표'로 그려서 해방 후 도기道紀 76년(1946)에 인류 문화사에 처음으로 공포하셨다. 상제님의 지상 강세와 가을철 통일 문명의 도래 소식을 한 장의 그림에 담아 누구도 쉽게 알 수 있게 하셨다.

The Cosmic Year
(129,600 Calendar Years)

The Civilization of the Later Heaven

· Union of Spirits and Humans
· Civilization of Omniscience
· Civilization of Great Dao Mastery
  Through the Knowing of the Mind
· Civilization of Enlightenment
· Immortal Paradise of
  Creation-Transformation

Winter
Rest (藏)
North
Firmness (貞)

Great Ice Age
(about 30,000 years)

Early Heaven Gaebyeok

50,000 years
Later Heaven

Water
水
Metal 金 土 木 Wood
Earth
火
Fire

Maturation of
Human
Civilization

Birth of Human
Civilization

Autumn
Harvest (斂)
WEST
Benefit (利)
Era of Humanity's
Majesty
Calendar: 360 days/year

Spring
Birth (生)
EAST
Origination (元)
Era of Heaven's Majesty
Calendar: 366 days/year

Growth of
Human Civilization

Early Heaven
50,000 years

Later Heaven Gaebyeok

Incarnation of Sangjenim,
God the Ruler of the Universe

Transition Time
of Summer-Autumn

Summer
Growth (長)
SOUTH
Proliferation (亨)
Era of Earth's Majesty
Calendar: 365¼ days/year

The cosmic year diagram, originally introduced
by Master Ahn Un-San of Jeung San Do.

자를 건집니다.

그럼 그 기준은 무엇인가? 뿌리를 찾는 것입니다.

『도전道典』을 보면 강증산 상제님 말씀이 "이때는 원시반본原始返本하는 시대라."(2:26)라고 하셨습니다. '지금은 뿌리로 돌아가는 때다. 근본을 바로잡아야 한다.'는 말씀입니다. 모든 인간과 사물은, 작은 풀잎조차도 뿌리 기운에 의해 탄생을 하고 매 순간 존재하는 것입니다. 뿌리를 잊고 뿌리를 무시해 버리면, 뿌리에 배은망덕하면 멸망 당할 수밖에 없습니다.

동서 문명의 운명을 바꾼 변혁의 손길, 시두

이제 결론의 마지막 한 매듭을 말씀드리면, 가을철에 추살 바람이 부는데 그것을 알려주는 가장 중대한 문명 변혁의 손길이 시두時痘라는 것입니다.

시두는 어떤 병일까요? 시두는 인류 문명사 최초의 전염병이자 가장 많은 희생자를 낸 전염병입니다. 16세기 초 스페인 군대가 아메리카를 정복할 때 시두를 퍼뜨렸는데, 원주민 인디언 7천 5백만 가운데 한 5백만 명만 남았다고 합니다. 1, 2차 세계대전 사망자 이상으로 많은 사람이 희생됐습니다.

cold lethal energy of the cosmos comes into play, culling the chaff and leaving only the fine grains of life. The way to survive at this time of great cosmic shift, Jeung San Do teaches, is to remember your roots.

Gahng Jeung-san Sangjenim, who is believed in Jeung San Do to be the incarnation of the Supreme Being in Heaven, revealed, "Now is the time for seeking out the beginning and returning to the origin" (Dojeon, 2:26). Autumn is the time when all living beings, without exception, must discover and repay those to whom they owe their life and existence. Those who forget their roots and fail to appreciate them will face the reckoning.

Smallpox: The Disease That Will Change the Fate of the East and West

A turbulent wind of change will blow in the near future, and this deadly wind of cosmic autumn will have an important portent. This portent, according to Jeung San Do, will be a return of smallpox that will trigger a transformation of human civilization.

Smallpox was the first epidemic of human civilization, and the one that killed the largest number of people. Let's take a brief look at how smallpox has affected history.

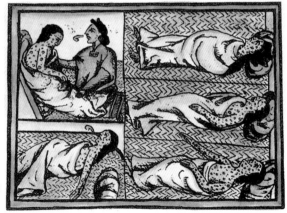

16세기 스페인군이 옮긴 시두와 학살로 남미 원주민 7천 5백만 명 중 5백만 생존

When the Spanish conquered South America in the sixteenth century, they brought smallpox, which decimated the indigenous population. The surviving population numbered only five million out of an original seventy-five million.

또 유럽의 역사를 보면 프랑스의 태양왕 루이 14세의 아들 루이 15세(재위 1715-1774)가 시두로 죽었습니다. 그리고 영국의 앤 여왕(재위 1702-1707)은 아들 하나만 있었는데, 그 아들이 그녀가 여왕이 되기 전 그만 시두로 죽고 맙니다. 십여 차례에 유산을 반복한 후 얻은 아들이었는데 그 아들이 11세의 어린 나이로 죽은 이후 앤은 더 이상 임신을 하지 못했습니다. 그래서 그녀의 사후 스튜어트 왕가의 혈통이 끊어지게 되었고 독일의 하노버공 조지가 영국 왕이 되었던 것입니다.

신성로마 제국 황제였던 오스트리아 합스부르크 왕가의 요제프 1세(재위 1705-1711)도 왕성한 32세의 나이로 후사 없이 죽었는데 그 때문에 왕위는 그 동생 카를 6세에게 계승됩니다. 바로 그 유명한 마리아 테레지아의 부친입니다. 아들을 낳았지만 한 살도 되지 못해 죽어 카를 6세의 신성로마 황제의 자리는 그 장녀 마리아 테레지아에게로 넘어갔습니다.

프랑스 루이 15세 Louis XV	프랑스 루이 16세 Louis XVI	영국 앤 여왕 Queen Anne
시두로 사망(1774년)	프랑스혁명 발발(1789년)	외아들(10세) 시두로 사망, 스튜어트 왕가 절손
		독일 하노버의 공작 조지 1세를 영국 왕으로 임명

The French Revolution (1789) broke out during the reign of Louis XVI, who ascended the throne because his grandfather Louis XV died of smallpox. The single son of Queen Anne of Great Britain died of smallpox. The royal line of England subsequently came to an end, the crown passing to Georg I from Germany.

During the Spanish conquests of the Americas, the Spanish spread smallpox among the indigenous population. After the indigenous people were defeated by the Spanish army, the surviving population numbered only about five million out of the original seventy-five million people. The number of deaths exceeded the fatalities of the First World War and Second World War.

Smallpox caused the demise of many European dynasties. Louis XV (great grandson of Louis XIV, the French king known as 'the Sun King') died of smallpox, and his grandson rose to the throne. This new king was Louis XVI, who became the last king of the French monarchy. Queen Anne of Great Britain had a single son, but he also died of smallpox. The royal line of England subsequently came to an end, the crown passing to George I from the House of Hanover, Germany. So, the current British royal family had its origin in Germany. Many bloodlines of European royal families, such as the House of Habsburg

근대 유럽 왕조의 운명을 바꾼 시두

| 요제프 1세 | 1678~1711
시두로 사망

Joseph I (1678-1711)
of the Holy Roman Empire.
Joseph I died of smallpox.

| 카를 6세 | 1685~1740
외아들 사망,
합스부르크 왕가 절손

Charles VI (1685-1740).
The only son of Charles VI
died of smallpox.

| 마리아 테레지아 | 1717~1780
합스부르크 왕가의
마지막 통치자

Maria Theresa (1717-1780)
became the last empress
of the House of Habsburg.

이처럼 영국과 프랑스 왕가, 오스트리아의 합스부르크 왕가에서 희생자가 나오고 그 때문에 혈통이 끊어지기까지 한 것이 바로 시두 때문이었습니다.

나폴레옹이 지금의 프랑스 노트르담 성당에 교황을 불러다 놓고 대관식을 하고 나서 선언한 것이 "시두 예방 접종을 시키라!"는 것이었습니다. 나폴레옹이 전쟁을 하면서 시작한 시두 예방 접종이 유럽 모든 나라에서 일반화되었다고 합니다.

그런데 1851년 쿠데타를 통해 프랑스 제2제정을 세우고 황제가 되었던 나폴레옹의 조카 나폴레옹 3세는 평화의 시기가 되자 시두 접종을 제대로 안 했던 모양입니다. 그 정보를 입수한 비스마르크가 독일 제국의 성립을 위해서는 프랑스와 반드시 맞붙어야 한다고 시비를 걸며 유인해서 전쟁을 했습니다. 프랑스 100만 대군과 독일의 전신인 프러시아 80만 대

| **나폴레옹** | 1769~1821. 황제 등극 후 종두법種痘法을 군대와 민간에 시행. 오스트리아, 프로이센 등을 무찌르고 유럽의 패자가 되었다.

After his coronation, Napoleon (1769-1821) implemented a general smallpox vaccination. He won a war against Austria and Prussia and became the most powerful sovereign in Europe.

and the royal family of France, reached their ends due to smallpox.

After Napoleon ascended the throne as the Emperor of France before the Pope in Notre Dame Cathedral in Paris, he ordered that all soldiers be vaccinated for smallpox. Since that time, smallpox vaccinations before war became standard practice in European countries.

However, Napoleon's nephew, Napoleon III of the Second French Empire, neglected the implementation of smallpox vaccinations during peacetime. Bismarck must have well been aware of this situation when he provoked France into the Franco-Prussian War. In this war, a million French soldiers contended against Prussia's 800,000 soldiers, but then smallpox broke out. The Germans defeated the French in the war and subsequently established the German Empire.

| 나폴레옹 3세 | 1808~1873
워털루 전쟁(1815년) 후 시두 접종 중단

Napoleon III (1808-1873) of France. Napoleon III discontinued smallpox vaccinations after the battle of Waterloo (1815).

| 비스마르크 | 1815~1898
시두 접종을 실시함

Bismarck (1815-1898) of Prussia. Bismarck implemented smallpox vaccinations.

군이 싸웠는데 그때 시두가 터졌습니다. 여기서 독일이 승리하여 독일 제국을 세우게 됩니다.

우주음악의 완성, 시천주주와 태을주

이 시두에 대한 비책이 바로 '동황東皇은 태일太一이다'라는 구절에 들어 있습니다.

천지와 하나가 돼서 사는 인간이 태일입니다. 『동의보감』을 보면 '시두가 터질 때는 태을구고천존太乙救苦天尊을 찾아라.'라고 했습니다.

이 곳 독일의 유명한 칼하인츠 슈톡하우젠(1928~2007)이 우주 음악을 제창했습니다. '지금의 음악가는 음악을 이성적 산물로 여기는 교육으로 인해 살아 있는 녹음 테이프가 돼 버렸다. 작곡가나 가수나, 몇 곡을 가지고 수천만 번을 불러서 심금을 울리지만, 그러나 천지 부모의 영원한 생명과

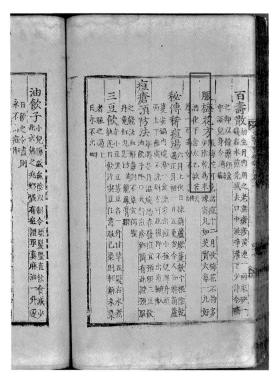

| 太乙에서 치유의 은혜가 내려옴을 밝힌 『동의보감』의 시두 처방 |

"태을구고천존太乙救苦天尊을 일백 번 읽으면 묘하기가 말로 다할 수 없다."
(『동의보감』「잡병편」)

"The recitation of 'Taeeul Gugo Cheonjon' a hundred times bestows miraculous power." -*Dongui Bogam.*

The Taeeulju Mantra: The Culmination of Korean Indigenous Spirituality

A return of smallpox will trigger a transformation of human civilization. Fortunately, there is a cure for smallpox revealed by Eastern wisdom. It is related to a line from one of the poems of Qu Yuan (c. 340–278 BCE, a Chinese poet) which reads: "The sovereigns of the eastern nation were *taeil*." *Taeil* (太一), which literally translates as "great one," means a person who has achieved perfect oneness with heaven and earth.

Meanwhile, the traditional Korean medical text *Dongui Bogam* ("*Exemplar of Korean Medicine*") describes a prescription for smallpox: "The recitation of 'Taeeul Gugo Cheonjon' a hundred times bestows miraculous power." 'Taeeul Gugo Cheonjon' [literally, "the Taeeul God who saves people from suffering"] is believed to be a deity who allows people to achieve oneness with heaven and earth and become *taeil*. In Jeung San Do, the main mantra, the Taeeulju Mantra, is regarded as a powerful means to invoke this deity.

You probably know Karlheinz Stockhausen (1928-2007), a famous German composer. In his book *Towards a Cosmic Music*, Stockhausen bemoaned that musicians were being educated to "talk about music

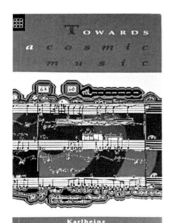

'종교음악도 인간의 영원한 생명성, 신성, 신과 나의 관계, 삶의 목적을 노래해야 한다' (『Cosmic Music』)

In his book *Towards a Cosmic Music*, Karlheinz Stockhausen insisted that musicians should "infuse every note with spiritual intention" and "establish conscious and purposeful contact with cosmic energies" to "become mouthpieces for the universal cosmic spirit."

신성과 우주광명을 체험할 수가 없다.'는 것입니다.

슈톡하우젠은 그의 저서에서 이렇게 말했습니다. '**종교 음악은 인간의 영원한 생명, 신성, 신과 나의 관계, 삶의 목적, 이것을 노래해야** 하는데, 이런 노래가 지금 제대로 작동되고 있지 않다.'고. 현대 음악은 물론 지금의 모든 문화 사조가 크게 한 번 정리돼서 바꾸어야 합니다!

영원한 음악, 신의 음악, 우주의 진정한 생명의 음악이 9천 년 전 환국 이후 도통맥으로 내려온 주문 문화입니다. 그리고 9천 년 우주광명 문화의 최종적 열매로서 천지 부모의 영원한 생명을 체험하는 우주음악이 시두를 극복하는 **동방 9천년 영성문화의 결론, 시천주주**侍天主呪와 **태을주**太乙呪입니다. 이것이 근대 역사의 출발점에서 선언된 우주음악의 완성입니다.

시천주주侍天主呪

시 천 주 조 화 정   영 세 불 망 만 사 지
侍天主造化定 永世不忘萬事知

태을주太乙呪

훔 치
吽哆

태 을 천   상 원 군   훔 리 치 야 도 래   훔 리 함 리 사 파 하
太乙天 上元君 吽哩哆哪都來 吽哩喊哩娑婆訶

훔 치
吽哆

시천주주 '시천주조화정 영세불망만사지'가 우주음악 시대의 서곡으로 이것이 참동학에서 태을주로 완성이 됐습니다.

앞으로 오는 대격변, 병란과 자연의 크고 작은 재난을 극복하는 대우주의 조화성령 문화의 근원이 태을문화입니다. 천지와 하나 되는 태일이 되게 해 주는 신성문화의 상징이 태을太乙인데, 당나라 때 여동빈이 이에 대한 책을 썼습니다. 『태을금화종지太乙金華宗旨』라고.

그런데 이 책을 20세기 초에 중국에 와 있던 독일의 선교사 리하르트

as a rational product" and that musicians "increasingly became living tape recorders separated from one another." He insisted that musicians should "infuse every note with spiritual intention" and "establish conscious and purposeful contact with cosmic energies" to "become mouthpieces for the universal cosmic spirit." He also said, "It is high time for music to awaken a new, supra-religious consciousness of the oneness of the human family, and of this planet's significance within the entire universe."

In fact, one piece of music—sound or vibration—which has a truly amazing healing and transformative power to awaken the innate light within us began to be chanted in Korea at the beginning of the twentieth century. It is the Taeeulju Mantra, which is the culmination of Korean indigenous spirituality. If Donghak's Sicheonjuju Mantra was an opening prelude, the Taeeulju Mantra of Jeung San Do can be likened to a full symphony.

The Taeeulju Mantra (aka the Taeeul Mantra) allows us to resonate with the divine and heals us. The concept of Taeeul symbolizes the source of divine power which guides us in becoming a *taeil*, "a great one," an enlightened being.

In the Tang Dynasty of China, a Taoist named Lu Dongbin wrote a book about the concept of Taeeul. The title of the book is *Taeeul Geumhwa Jongji* (太乙金華宗旨) in Korean. This book was later translated into German by Richard Wilhelm, a German missionary who lived in China at the beginning of the twentieth century, and published under the title *Das Geheimnis der Goldenen Blüte* ("*The Secret of the Golden Flower*"). In translating the title, he missed a key word, 'Taeeul.' Wilhelm, however, added an endnote to Lu Dongbin's passage "The great One [Taeeul] is the term given to that which has nothing above it" by adding "Heaven created water through the One. That is the true energy of the great One. If man attains this One he becomes alive; if he loses it he dies."

빌헬름이 독일로 돌아가 번역하면서 『황금꽃의 비밀Das Geheimnis der Gold-enen Blüte』이라 했습니다. 태을이라는 글자를 빼먹었습니다. 그러면서 '태을은 무상지위無上之位, 이 우주에서 가장 높은 궁극의 하나님의 조화 경계를 말하는 것이다. 우리가 태일이 될 때 거기서 우주를 창조하고 만물이 태어나는 물이 생성된다.' 하는 주석을 붙여 놓았습니다.

> 태 을 자 무 상 지 위
> **太乙者 無上之謂** (『태을금화종지』)
>
> 태을이란 더할 나위가 없는 것을 말한다. (태을은 더 이상이 없는 궁극의 조화 경계)
>
> '태을은 무상지위' 원문에 대한 빌헬름의 주석:
>
> '하늘이 일자一者를 얻어서 물을 생성한다

　가을 개벽기에는 누구도 시천주주와 태을주를 읽어야 합니다. 앞으로 가을개벽의 병란이 전 지구에 확산됩니다. 그때 이 두 주문을 전수받고 이 3년 개벽의 실제상황을 이겨야 가을우주의 지상선경문명으로 들어설 수 있습니다.

지구촌 인류는 한 형제

　오늘 말씀의 최종 결론은, 우리가 진정한 한국인이 되려면, 완전히 왜곡되고 말살된 한민족 역사와 영성문화, 우리 조상들이 9천 년 동안 섬기며 생활화해 왔던 원형종교를 알아야 한다는 것입니다.

　그리고 서학은 동학을, 동학은 서학을 배워야 합니다. 즉 서양은 동양을 배우고, 동양은 서양을 배우며 모든 종교인들이 타종교를 적극적으로 배워야 합니다. 제가 늘 참회하는 게 '내가 얼마나 적극적으로 봄여름철의 문화, 역사, 종교를 참된 마음으로 배우려고 했나!' 하는 것입니다. 문제가 되는 것을 비판할 수는 있지만 지구촌 인류는 한 형제입니다.

| 리하르트 빌헬름 |
Richard Wilhelm
(1873~1930).

| 태을금화종지 | 독일번역판
A German edition of
Taeeul Geumhwa Jongji.

| 태을금화종지 | 영어번역판
제목에 '태을太乙'은
번역되지 않았다.

An English edition of *Taeeul
Geumhwa Jongji.*

중국에서 활동한 독일인 선교사 리하르트 빌헬름이
『태을금화종지』를 서양에 처음 번역 소개함(1928년)

Richard Wilhelm, a German sinologist, theologian, and missionary, translated
the book *Taeeul Geumhwa Jongji* ("The Secret of the Golden Taeeul Flower") and
published it in Germany (1928).

All People Are Brothers and Sisters

I'd like to conclude today's speech by emphasizing that we must
learn the history of East Asia, which has been entirely misunderstood
and forgotten. It is also important that we should open our hearts to
learn the teachings of other spiritual traditions. The West and the East
should learn each other's ways. I always ask myself, 'Have I truly been
enthusiastic and truthful in learning other cultures and their history
and spiritual traditions?' We are free to criticize other religions, but
not with hate. We should never forget that we are all brothers and sis-
ters. What makes the book *Hwandan Gogi* truly remarkable is that it
reveals that all humans came from one origin—Hwanguk.

『환단고기』가 정말 자랑스러운 이유는, '구환일통九桓一統 사상'을 담고 있기 때문입니다. '지구촌 구환족九桓族, 오색 인종은 본래 한 뿌리에서 나왔다. 지구촌 70억 인류는 한 형제다.'라는 것입니다.

참동학의 위대한 메시지인 '만국활계남조선萬國活計南朝鮮'은 '오늘날 지구촌의 모든 고난을 극복할 수 있는 진리의 원형, 우주 진리의 열매가 바로 대한민국 남쪽 땅 남조선에서 나온다.'는 것입니다. 한민족과 인류를 향한 위대한 근대사의 선언이 바로 '만국활계남조선'입니다.

이제 오늘 말씀을 매듭지으면서, 이 시간이 우리 모두가 상생의 문화, 상생의 삶으로 함께 나아가는 소중한 계기가 되기를 바랍니다. 종교의 경계를 벗어나 대한의 아들딸로서 한민족의 잃어버린 창세역사와 원형문화에 대해 좀 더 적극적으로 참여하시기를 당부합니다.

아울러 세계 어떤 국가, 문화권에 있다 해도 지구촌 인류는 한 형제라는 마음으로, 언제라도 다시 만나면 웃으면서 9천 년 문화역사와, 다가오는 가을우주의 오만 년 새 문명의 비전에 대해 도담을 나눌 수 있기를 축원합니다. 감사합니다.

And finally, I'd like to share with you an important message of Jeung San Do: "The means of saving the world lies in South Joseon" (Dojeon 5:168:5). This means that from South Joseon—South Korea—will emerge the dao that will guide us through the difficulties and suffering afflicting the world. This is certainly a declaration worth attention—not only by South Koreans, but by the world.

I hope that today's speech has been a valuable opportunity for all of us to come together in a culture of mutual life bettering and mutual benefit.

Regardless of the countries from where you come, we should remember that all of us are brothers and sisters. We share a common historical origin and a common hope for a new world to come. I hope that when we meet again, we can continue to delve deeper into this discussion.

동방 한국사의 올바른 국통맥

삼성조 시대 9220년 전	**환국**	(BCE 7197~BCE 3897) 7대 환인 : 3301년간(조화시대)
5920년 전	**배달**	(BCE 3897~BCE 2333) 18대 환웅 : 1565년간(교화시대)
4356년 전	**조선**	(BCE 2333~BCE 238) 47대 단군 : 2096년간(치화시대)

열국 시대
2262년 전 · **북부여** (BCE 239~BCE 58)

동부여 (BCE 86~CE 494)
남삼한 (BCE 194~CE 8)
최씨낙랑국 (BCE 195~CE 37)
동옥저 (BCE 56~?)
동예 (?~CE 245)

사국 시대
2081년 전 · **고구려** (BCE 58~CE 668)

BCE / CE

백제 (BCE 18~CE 660)
신라 (BCE 57~CE 668)
가야 (CE 42~532)

남북국 시대
1355년 전 · **대진(발해)** (668~926)
후신라(통일신라) (668~935)

1105년 전 · **고려** (918~1392)
631년 전 · **조선** (1392~1910)
104년 전 · **임시정부** (1919~1945)

남북분단 시대
대한민국 (1948)
2023년 기준
조선민주주의인민공화국(1948~)

지구촌 통일문화 시대
후천 가을개벽 후 천지 광명 문화 시대

Chronology of Korean States and Dynasties

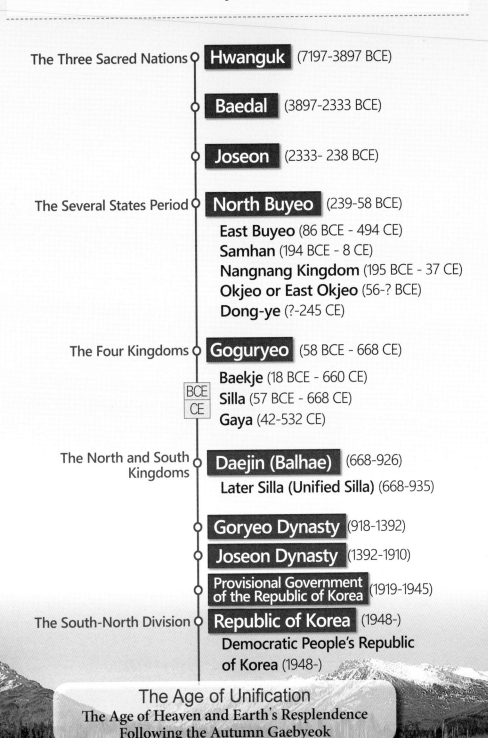

The Three Sacred Nations — **Hwanguk** (7197-3897 BCE)

Baedal (3897-2333 BCE)

Joseon (2333- 238 BCE)

The Several States Period — **North Buyeo** (239-58 BCE)

East Buyeo (86 BCE - 494 CE)
Samhan (194 BCE - 8 CE)
Nangnang Kingdom (195 BCE - 37 CE)
Okjeo or East Okjeo (56-? BCE)
Dong-ye (?-245 CE)

The Four Kingdoms — **Goguryeo** (58 BCE - 668 CE)

Baekje (18 BCE - 660 CE)
BCE / CE
Silla (57 BCE - 668 CE)
Gaya (42-532 CE)

The North and South Kingdoms — **Daejin (Balhae)** (668-926)

Later Silla (Unified Silla) (668-935)

Goryeo Dynasty (918-1392)

Joseon Dynasty (1392-1910)

Provisional Government of the Republic of Korea (1919-1945)

The South-North Division — **Republic of Korea** (1948-)

Democratic People's Republic of Korea (1948-)

The Age of Unification
The Age of Heaven and Earth's Resplendence
Following the Autumn Gaebyeok